学習力トレーニング

―インストラクショナルデザインで学ぶ究極の学習方法―

内田　実　著

米田出版

はじめに

1. 学習力のない人は生き残れない

　大学生になっても、どのように学習したら良いかわからない、本を読むどころか、講義のノートをとる方法もわからないなどという学習力のなさを嘆く声を先生方から聞くことが多くなっています。1年間、1冊も本を読まなかったと豪語する大学生にあったこともあります。(この本を読んでいる大学生の方は、こんなことはないですね。)

　また、高等な教育を受け、トップエリートになったと考えられる人でも、学習力がないと感じるような話がたくさんあります。たとえば、新聞を読んでいて、教育関係の本の宣伝文句で「想像力もモラルもない受験エリートが日本を没落に導いている」とあるのを見ました。(アメリカのスーパーエリート教育、石角完爾著、ジャパンタイムス出版局)

　ここまで日本の教育のことを言うのかと最初は少し驚きました。確かに、アメリカのスーパーエリートの教育と日本の一般の高等教育をくらべたら、このくらい言われても仕方がないのかもしれません。日本が国の借金で破産するかもしれないなどという経済の状態(そんなことはない、そもそも国の借金という考え方がおかしいなどという話も聞きますが)などの話を考えてみるとあたっているような気がしてきます。日本のトップのエリートがこのような状況を招いてしまったことを考えると、今後トップエリートも含め、全員を「想像力もモラルも有る」状態にするために、日本の教育も変わっていかないといけないでしょう。

　しかし、教育とは教える側からみたものです。新しいすばらしい教育を提供しても、学習者自身がそれを吸収できない状態では、結局何にも変わりません。(今、先生が一生懸命がんばってアメリカのスーパーエリート教育を日本の一般大学などに導入しても、一般学生がついていけないでしょう) 学習者自身が今までどおりの学習方法をとっている限り、

どんな良い教育を受けても、その良い面を生かすことができないのです。

　他の例も見てみましょう。

　英語を社内の公用語にする日本の企業の話を知っているでしょうか。このようなことが行われるようになると学習力のない人は淘汰されてしまいます。これは、英語の学習のことだけを言っているわけではありません。そのようなことが要求される状態に的確にすばやく対応するための学習ができなければならないのです。

　また、アジアなどの各国から新入社員を雇用している日本企業が増えてきています。そのため、日本の新卒の就職の機会が減少してしまうという心配する声も聞こえます。しかし、このような状況は日本だけではないでしょう。グローバル化というのは日本の中に海外のものを引き入れるだけではありません。その反対に日本が世界に出ていくことでもあります。海外でも日本の能力のある若者を求めているでしょう。日本の学生も海外の企業への就職を視野に入れれば就職先はいくらでもあると思われます。

　しかし、日本の大学生で海外に出ていこうというような人はほとんどいません。それどころか、日本国内での就職活動の機会が少なくなることを恐れて留学をする人が減っているという悲しい話も聞きます。海外の企業に就職しようと思えば、海外企業の求める人材像、能力を知り、それに応えるためにはどんなことができるようになる必要があり、そのためにどんなことを学習すれば良いかはっきりさせ、それを学習することが必要です。

　確かに簡単な話ではないでしょう。しかし、それは日本企業に勤めても同じでしょう。すぐなのか、数年後なのかの違いはあっても、グローバル化は避けては通れないのです。(環太平洋パートナーシップ **TPP**：**Trans-Pacific Partnership** は、関税の撤廃だけではありません。労働力が自由化されるのです。地域の中で、労働者が自由に移動できます。海外から日本に労働力が入ってくるだけでは、日本の発展はないでしょう。日本から各地にたくさんの優秀な人員が出ていくことにより、日本も **TPP** 参加国も発展していけるでしょう。もし出ていけなければ、日本だけが

発展から取り残されるでしょう。なお、日本のTPP締結ははっきりとは見えていませんが、多くの国が確実に条約締結に向かっています。)

　また、大学で学習したことが、就職後に使える期間も確実に短くなってきています。昔ならソロバンが使えることが就職に有利になりましたが、現在はパソコンが使えなければ、相手にもされなくなってきています。「パソコンが使える」と言っても、その内容は年々大きく変わってきています。学習は続けていかなければならないのです。

　つまり、生き残っていくためには「社会のニーズに応えるための、自分に合った学習する力」が必要であり、それがなければ落ちこぼれてしまうし、この力が強ければしっかりとした生活を築いていくことができるのです。もちろん、このような能力は今までも求められてきました。しかし、本当に世界が融合していくグローバル化が進行している現在、今までの「学習力」ではダメなのです。日本という枠の外でも活躍できるためには、世界の求める能力は何かを常に分析し、学習を続けていくことが必要なのです。

　高校生には「想像力もなくモラルもない受験エリート」になるのではなく、将来の自分と社会の発展を考えた大学生になることを目指していただき、大学生は「受験エリート」だったことから抜け出し、自分を、日本を、世界を背負っていける人材を目指していただきたいと思います。新人社員の人は、会社があなたに求めていることに応えられるように学習を続け、また、会社を取り巻く社会が会社やあなたに求めることを常に分析し、それに応えられるように学習を続けていただきたいと思います。そのためにはより効果的、効率的に学習でき、学習が継続できる魅力のある「自分に合った学習方法」が必要です。

　「**自分に合った学習方法**」を学習することがこの本の目的、ゴールです。この本で学習した人は次のような能力を獲得できます。

> 自分に本当に必要なことを確実に素早く、しかも楽しく学習できる自分に合った「学習方法」を確立する能力

このゴールを読んで、「学習方法などすでに知っている。俺は、私は、大学に合格したんだ」「今、高校生だよ。今さら学習方法を学習する必要はない」と反発を感じてあたりまえだと思います。しかし、次のような項目について、評価をしてみて下さい。

表1 自分の学習の評価ツール

評価点（0：わからない、1：まったくだめ、2：ほとんど良くない、3：少し良い、4：完全に良い）

項　目	自己評価点
自分の学習方法は、自分に合っていますか。	
自分の学習の効果は高いですか。（学習したことが本当に使えるようになる）	
自分の学習の効率は悪くないですか。（素早く学習できる）	
学習が好きですか。（楽しく学習し、学習そのものに魅力を感じる）	
自分の学習方法を自分で評価したことがありますか。	
なぜ学習しているかその根本理由（ニーズ）を考えたことがありますか。	

　評価しようとすると、自分の学習効率とか効果など考えたこともない、学習方法なんて学校の先生に言われることをやっているだけだと思う人もいるでしょう。そもそも学習方法とは何だと思うかも知れません。通常、学校では成績はつけますが、学習方法そのものは評価しないから、この表に評価を書けなくても当然でしょう。

　この本の目的は、自分に合った学習方法を自分で設計することです。その学習方法の効果や効率を自分で評価し、向上していくことができるようになることです。そして、何よりも、何のために学習するのかを明確にして、自分の学習意欲を喚起し、学習を生涯にわたり継続していくことができるようにすることです。

　大学を出れば勉強は終わりだと考えている人がいるかもしれません

が、現在の社会では、大学を出た後の方が、より多くの学習を続けなければなりません。そのような状況に対応するためには、学生のうちに、効果的、効率的な自分に合った学習方法を習得しておく必要があるのです。もちろん、すでに社会に出てしまっている人にとっても、自分の学習方法を改善、向上していくことは必須となります。

2. なぜ、この本を書こうと思ったか

筆者は放送大学において、大学の先生などに対してインストラクショナルデザインという教育方法向上のためのセミナーやワークショップを開催し、効果的な教育方法の普及活動を行ってきました。

- 「インストラクション」　教え方、教授方法、指示
- 「デザイン」　設計

インストラクショナルデザインとは上記を組み合わせた言葉なので、「教え方の設計」「教授設計」という風な日本語に訳すことも可能ですが、そのままインストラクショナルデザインと言うのが一般的です。

インストラクショナルデザイン（ID）とは先生に身に付けてもらわなければならない能力のひとつです。インストラクショナルデザインの定義をあげると以下のようになります。

> インストラクショナルデザイン（ID）とは教育の真のニーズ充足のために学習の効果・効率・魅力向上を図る方法論である。

（難しそうな定義ですが、大学の先生などが読むことを想定しているので、硬い表現となっています。）

しかし、長い間、インストラクショナルデザインの普及を大学の先生に行ってきましたが、具体的にインストラクショナルデザインを活用して、効果的、効率的、魅力的な教育を実践するという事例があまり増えません。

やはり、先生だけがインストラクショナルデザインを活用しても、良

い学習は発生しないことがわかりました。そこで、「**学習者も効果的（学習したことが本当に使える）、効率的（少ない労力で素早く）で魅力的（楽しく）な学習方法を自分自身で開発して身に付けることが必要**」なのではないかと、考えました。

これを実現するために、この本では、画一的な学習方法ではなく、自分に合った、効果的（学習したことが本当に使える）、効率的（少ない労力で素早く）で魅力（楽しく）のある学習方法を開発する方法を学習できるようにしました。

先生がインストラクショナルデザインに従い効果的、効率的、魅力的な教育を提供し、学習者が自分に合わせてその教育を効果的、効率的に利用して、自分の学習を魅力的にします。つまり、非常に良い教育を先生が提供し、それを学習者が「うまく活用」するような社会の実現の一助にこの本がなることを狙っています。

> 先生が教育力を向上させ、学生が学習力を向上させてはじめて効果的、効率的、魅力的な学習ができるのです。
> そのような学生が社会に出て学習を続けることにより社会が発展するのです。

3. 対象者

「表1 自分の学習の評価ツール」で、すべて「4：完全に良い」を選んだ人は、たぶんこの本を読む必要はないでしょう。そのような人は、この本を使って、他の人に効果的、効率的、魅力的な「学習力」を教えていただきたいと思います。

「表1 自分の学習の評価ツール」で、4以外の評価があった人に、この本で学習することをお勧めします。

この本は特に以下のような人を対象と考えて記述しました。

＜大学や高校、中学の教員、企業内教育実施者＞

高校生、大学生や新入社員が一人でここに挙げた「学習力」を身に付

けることはやさしいことではありません。大学生であっても、本を与えただけでは自分では読まない、読めないという学生が多いと感じている先生も多いと思います。テストに出すとか就職活動するには読まなければだめだと言われてはじめて読みます。読んだとしても、表面的に読んで、いくつかを覚えればそれで良しとして終わってしまいます。それでは、本当に活用できる能力が身に付いたとは言えません。

この本「学習力トレーニング」でも同じことが起こると考えられます。たとえば、大学入学時にこの本を学生に配っても、単なる記念品としてもらったくらいで、どこかに置き忘れるだけとなるようなことが多いでしょう。(学生の方で今この本を読んでくれている方にはすみません。あなたは違います。自分で自分の学習力を構築することができる方です。)

ですから、先生がこの本を教科書として使って、学生に学習方法を確立させてから、本来の専門科目を学習させるようにしていただければと思います。この本を読んで、自分の学習力を築いてから履修選択をしてもらうのが一番良いと考えます。

また、企業の人事担当者の方が、内定者教育教材や新入社員教育教材などとして使用していただけると、新入社員を「自分で考えて仕事を行い、必要なことは自分で学習していく」ように変えていけると思います。

＜大学生＞

この本により、大学での学習方法を確立するとともに、就職したあとも継続して学習できる能力を獲得します。学習についての学術「理論」を学習するものではなく、自己の学習能力の向上をしたいと考える一般の学生（ここで言う一般とはインストラクショナルデザインそのものを研究する学生ではないという意味）を対象とします。

大学生のうちに、自分に最適な、「学習力」を身に付け、それを社会に出て活用して社会に貢献して下さい。

なお、インストラクショナルデザイナになりたいという人は、関連の学術書で学んで下さい（「インストラクショナルデザインの原理、ガニエ他、北大路書房」、「インストラクショナルデザイン入門、リー＆オーエンズ、東京電機大学出版局」、「実践インストラクショナルデザイン、内

田　実、東京電機大学出版局」その他多数）

＜大学選定を考えている高校生＞

　この本によって、「学習力」を身に付けるとともに、以下のようなことができるようになってほしいと思います。
- どのような判断基準で大学を選べば良いか考える
- 何のために大学にいくのかを考える。
- 何をどのように学習していけば良いかを考える。

＜企業の新入社員、若手社員＞

　自分で考えて学習を継続できる人が伸びていきます。学習を継続できない人は会社の中で、社会の中で落ちこぼれになってしまいます。学習継続ができるようになる手助けとしてこの「学習力トレーニング」が役立つはずです。

　内定者教育や新入社員教育でこの本が教科書として使われた場合は、その教育をしっかり受けて下さい。もし、使われていない場合は、自分でしっかりと学習して、これからの社会人としての活動の基礎を作ってもらいたいと思います。

4. この本の利用方法

　この本を読みながら、自分自身には、どのような学習方法が良いか、そもそも何のために学習を続けるのか考えて下さい。

　具体的には、分析ツール（表1に示すような分析シートなど）を使い、今、自分の学習すべきこと、学習方法の分析を行い、自分に合った効果的、効率的、魅力的な学習を設計、開発、実施、評価していって下さい。この本を読み終わった時に、ツールによる分析データを整理すれば、自分に一番合った究極の学習方法が出来上がっているはずです。（ただし、作ったものはすぐに陳腐化します。自分は成長し、社会は変化していくのです。ですから、学習を続ける中で常に作り上げた学習方法を更新していく必要があります。作り上げた学習方法を使ってみて、状況に合わせて修正し、ひとつのゴールを達成したら新しい学習と学習方法を企画して実施していくのです。）

目　次

はじめに……………………………………………………………………… iii
　1. 学習力のない人は生き残れない　iii
　2. なぜ、この本を書こうと思ったか　vii
　3. 対象者　viii
　4. この本の利用方法　x

第1章　学ぶとはどんなことだと思う？ ……………………………… 1
　1-1　学習とは記憶することと思っていないか　2
　1-2　不活性知識、不活性能力　5
　1-3　活性知識、活性能力　7

第2章　「学習力」とは何か ………………………………………… 11
　2-1　何のために学習するか　11
　2-2　学習力とは（学習基盤社会）　13
　2-3　自分の欲求は?　16

第3章　狭義の学習 …………………………………………………… 27
　3-1　狭義の学習とは　27
　3-2　直接の学習対象：KSA　28
　3-3　上位の学習対象　32

第4章　インストラクショナルデザインモデルの活用方法 ……… 35
　4-1　インストラクショナルデザインとは何だろう　36
　4-2　ADDIEモデル（Lee & Owens）　40
　4-3　学士力モデルと大学モデル　42

4-4　学習者のモデル：学習基盤社会　*46*

第5章　ニーズ分析：あなたはなぜ学習しなければならないのか…*49*
5-1　ニーズとは何か、学習におけるニーズとは　*49*
5-2　ニーズ調査の対象　*64*
5-3　ニーズ分類　*69*
5-4　ニーズ分析方法　*70*

第6章　学習者分析：あなたはどんな学習者？………………*77*
6-1　学習の心理学的要因　*77*
6-2　あなたはどのような学習者ですか？　*80*

第7章　タスク分析と知識、技術、態度…………………*85*
7-1　タスク分析って何だ？　職務、職責、タスクについて　*86*
7-2　事例　*88*
7-3　タスク実施に必要な知識、技術、態度（KSA）　*93*
7-4　タスクの中の重要な項目：重要項目分析　*94*
7-5　あなたの将来なりたい職業、夢のタスク分析をしよう　*94*

第8章　学習目標分析……………………………………*97*
8-1　学習領域　*98*
8-2　学習目標とは何か　*101*
8-3　学習目標は構造化される　*102*
8-4　学習目標の5要素　*103*
8-5　学習目標を書いてみよう　*107*

第9章　メディア分析……………………………………*111*
9-1　学習スタイル　*111*
9-2　学習メディア　*114*
9-3　あなたに合うメディアは？　*118*

第 10 章 あなた自身の学習の設計と評価……………………………*121*
 10-1 効果的に学習するにはどうすれば良いか *122*
 10-2 学習意欲がなければすべてパー!!! *134*
 10-3 カークパトリックの4段階学習評価を使って評価 *140*

おわりに——この本を読んでいただいた方へ—— ………………*145*

事項索引……………………………………………………………………*147*

■第1章 学ぶとはどんなことだと思う?

表1-1 学習目標

自己レベル(1:まったくできない、2:あまりできない、3:ほぼできる、4:完全にできる)

	学習目標	評価方法	自分のレベル	自分の重点学習項目 ○or×(理由付加)
1	学習とは単なる記憶することだけではないことを、具体例をあげ、友達などが納得できるように説明できるようになる。	友達に学習と記憶の違いについての説明を聞いてもらい、納得できたという回答をもらえれば合格		
2	不活性知識について、具体例をあげて、友達などが納得できるように説明できるようになる。	友達に不活性知識について、自分の具体例を提示して、相手が理解できたと回答があれば合格		
3	学習で得た能力は活用してこそ意味があることを、仕事に関する事例と趣味に関する事例について、友達が納得できるように説明できる。	自分自身の事例を友達に説明して、相手が理解したと回答すれば合格		
				(関連項目として自分が学習したいことがあったら左に記述)

この章では「学ぶ」とは何かを考えましょう。物事を覚えるという言葉がありますが、これは記憶するということでしょうか。他にも意味があるのでしょうか。表 1-1 のような学習目標項目を通して考えてみましょう。

学習目標の書き方は後の章で説明しますが、ここでは、自分のレベルを判定してみて下さい。なお、先生が決めた学習目標をそのまま鵜呑みにするのは良くありません。(学校では、そうしないと怒られるかもしれないが) 自分なりに学習目標を読んで何を具体的に習得すれば良いのか考え、自分として重点的に習得したい項目に〇、学習したくないかする必要がない項目に×を記入しましょう。理由も付記して下さい。また、この表にはないが、関連した項目で学習したいことがあれば、それを書いておき、別途学習することが必要です。

学習は自分がするものであり、先生が敷いたレールに乗っているだけでは、真の成長はできません。自分で何を学習すべきか、常に考えましょう。

1-1　学習とは記憶することと思っていないか

学校での次のような学習を思い出して下さい。
- 数学では公式と問題の解き方を覚える
- 国語では漢字を覚える
- 物理では公式を覚える
- 社会では大化の改新の年を覚える
- 化学では化学反応式を覚える
- 英語では単語を覚える
- 音楽だって、ベートーベンの有名な曲名を覚える

これらを覚えていれば、成績は良く、良い学校にも入学が可能なのではないかと思います。

しかし、これらを覚えているだけで、仕事はできるでしょうか。たとえば、英語の単語の綴りをしっかりと覚えているだけで、英語で自分の

第1章　学ぶとはどんなことだと思う？

論文の発表ができるか、発表の後の英語による質疑応答ができるか、物理の公式や数学の公式を利用して新しい環境システムを設計することができるか考えてみて下さい。

　このようなことを考えると、あたりまえのことではありますが、記憶するということだけでは、本当に使える能力は身に付かないことに気が付きます。しかし、学校で、また、塾での多くの教育がこの記憶に主眼を置く、極端に言えば、記憶させるだけを目指して行われているといっても、反対する人はそんなに多くないと思います。(教育関係者の中には、怒る人もいるかもしれませんが) そのため、学習とは記憶することだと思っている、または、感じている学習者が多いのではないかと思われます。

　確かに、大学受験が結果的に暗記力に大きく依存するテストとなっているので、高校までの教育が、学習＝暗記となってしまっているのも仕方がないかもしれません。しかし、大学に入ったらば、暗記するのではなく自分で考えることが要求されます。それでも大学は、暗記だけでも卒業はできるかもしれません。社会で必要とする能力は何も付かないかもしれませんが。そのような状態では、現在の日本の状況下で就職先が見つからなくても当然でしょう。

　生きていく、仕事をしていく、充実した人生を送るための、本当の学習をしましょう。少なくとも大学に入ったら、学習とは何かを考えて、本当に役立つ学習をしましょう。できれば、大学に入る前、高校でも、中学でも、小学校でも、暗記主体の学習ではなく、本当の学習をしましょう。

　まず最初に、人が活動していく上で学習がどのように起こるか図 1-1 学習モデルで見てみましょう。ある状況が発生すると、それに反応して欲望が生まれます。たとえば、お腹が減ったり、美味しそうなごちそうを見れば、食べたいと思うでしょう。他の人が美味しそうなものを食べているのを見れば、うらやましいという感情が発生するでしょう。この欲望や感情からある判断を下して行動します。毎回同じ判断を下していればそれは癖になるでしょう。行動により状況が変化し、また、サイク

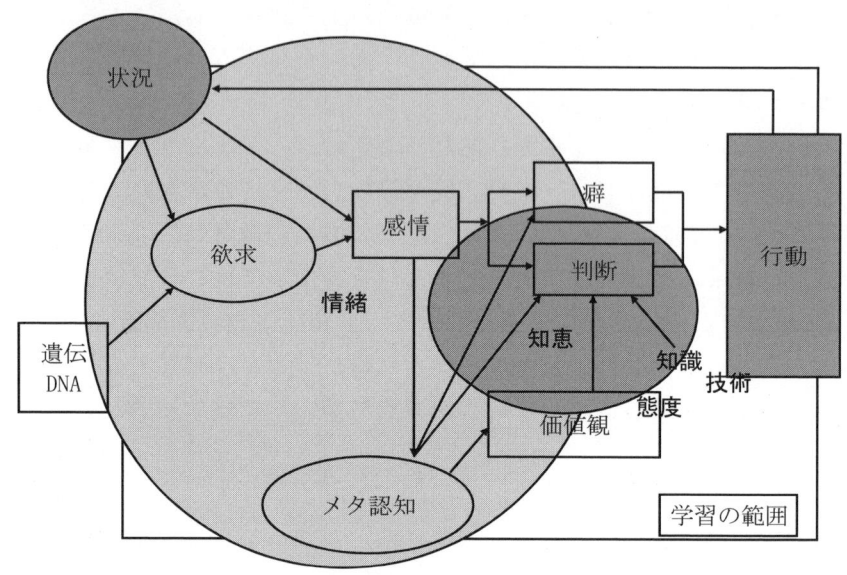

図 1-1　学習モデル

ルが始まります。このようなサイクルを繰り返しているとその繰り返し方を自分で客観的に見て、このサイクルの実施方法そのものを自分で知ることができます。それを図 1-1 ではメタ認知と書いています。なお、欲求に矢印が出ている遺伝 DNA は、食欲や性欲など人間がもともと持っている性質であるということを表しています。

　ある目的を持って自分の能力を高めるという学習もこのサイクルで行われます。そして、そのような学習をすることによりこのサイクル自体を強化していくことができます。能力を高めるというサイクルを回すことにより、判断が自動的になっていく、つまり癖となります。また、メタ認知の能力も高まります。

　学習で習得する知識、技術、態度もこのサイクルを大きく変えていきます。学習して知った知識はいつでも応用が可能な知恵となります。習得した技術は自分の行動をより効果的、効率的にしていきます。学習した態度は自分の価値観に影響を与えます。

第1章　学ぶとはどんなことだと思う？

豊かな感情を持ち、自分の欲求を素直にとらえ状況に合致した行動を的確にとっていくという情緒力も、自分が通常に行っているこのような学習サイクルを見つめていれば向上させることができます。

なお、学習ですべてが変えられるわけではなく、状況は少ししか変えられないでしょうし、行動も変えられない部分があります。また、学習そのものでは自分のDNAを変えることはできません。（医学的には可能になる日も近いのかもしれません）情緒力にしても、すべてを学習で変えることは不可能でしょう。図1-1の中の学習の範囲は、自らの学習で変えられる部分を表しています。

1-2　不活性知識、不活性能力

図1-1 学習モデルにおいて、知恵になっていない知識をホワイトヘッド（Whitehead, 1929）は不活性知識（inert knowledge）と言っています。知識を教えても、それを活用できるようにしなければ、それは無駄な教育になってしまいます。知識を応用、活用する場面を準備して使用させなければ、真の教育にはならないと言っているのです。（ただし、それは非常に大変なことでもあると博士は言っている）また、知識だけでなく、いろいろな能力も覚えただけで、現実の状況下で活用できなければ、それは不活性能力です。

いろいろなクイズ番組がテレビで放映されています。そのクイズ番組の問題として「有名なアインシュタインの物質とエネルギーの関係は次のどれが正しいか　$E=MC$　$E=MC^2$　$E=MC^3$」とか「バラという漢字はどう書くか」というようなものがあったとします。$E=MC^2$が正解だと回答ができたとして、この知識は活用できるでしょうか。クリーンエネルギーを考えたり、原子力発電の設計などをする時に役立つ知識であるという、活用の仕方を考えられるようになっていれば、それは活性知識、または、準活性知識と言っても良いかもしれません。どのようにしてこの公式が導き出せるかを説明でき、その知識を物理学の進歩に使えれば、それは完全な活性知識でしょう。ただし、クイズで回答群の中から正し

い回答が選べるだけでは、それは完全な不活性知識です。

　バラの漢字「薔薇」を書けないと困る職業は何だろうかという方向から考えることもできます。本の校正などをする人ならば正しく書けて、読めないと困るでしょう。しかし、パソコンなどで文章を書く私などは「バラ」という漢字は書けないが、変換した時に正しく「薔薇」を選択できるから困りません。

　雑学が悪いと言っているわけではありません。いろいろなことを覚えて、自分の人生を豊かにすることはできるし、趣味として、生き方として、雑学を覚えることは非常に良いことだと思います。しかし、学校での教育が雑学の教育で終わってしまって良いでしょうか。卒業し、社会に出て生きていく上で活用できる活性知識「知恵」、能力を身に付けることが学校での学習の目的だと考えます。雑学は家で学習すれば良いのです。

　表 1-2 自分の学習した活性知識例、表 1-3 自分の学習した不活性知識例に、あなたが高校や大学などで学習した項目で活性知識となっているもの、不活性知識となっているものを書いてみましょう。活性知識がほとんど書けず、不活性知識が多いようならば、あなたの学校での学習方法は良くないということです。

　なお、活性知識の場合は、その知識が具体的にどんなところで、どのように活用でき、その結果どのようなことが可能になるか書いてみて下

表 1-2　自分の学習した活性知識例

NO	活性知識	具体的な活用の場、活用して実施できること

表 1-3 自分の学習した不活性知識例

NO	不活性知識	何の役に立つか

さい。

　不活性知識の場合は、それが活用可能になれば、自分にとってどんな役に立つか考えてみて下さい。自分には必要ないという場合は、その理由を記述して下さい。

1-3　活性知識、活性能力

　表 1-2、表 1-3 はどのくらい書けたでしょうか。あまり書けなかった人が多いのではないでしょうか。表 1-4、表 1-5 に記入例をまとめておきました。参考にして下さい。

　能力は使えてはじめて意味があります。いくら学習しても、使えない知識、技術、態度は、そのままでは能力と言えません。学習の最初から、使えるように知識を習得することが効果的、効率的な学習となり、自分が満足できる魅力ある学習になります。学習したことが、自分の身に付き、活用できてその結果がすぐに出たら、こんなにうれしいことはないでしょう。

　高校や大学の先生は教えた内容を生徒が活用してくれることを期待して、様々な工夫をして、使える知識となるようにしています。(すべての先生がそうだと私は信じています。(信じたい？))また、学習者だって、

表1-4　活性知識の記入例

NO	活性知識	具体的な活用の場、活用して実施できること
1	(算数)分数を分数で割るときに、割るほうの分子と分母を反対にして掛け算すると解答がでると教わったが、その理由は先生に聞いても教えてくれなかった。「言われたとおりにしていれば良いのだ」が先生の回答。自分なりに1/2を1/4で割る図を書いてなぜ分子と分母を逆にして掛けるのかという結論を得た。	子供に分数の計算を嫌いにならないように教えることができた。また、分数計算の後、いろいろな公式などを覚えさせられたが、なぜそのような公式が成り立つのか、どのようにその公式を使えばよいかを考える時の基礎になったような気がしている。論理的思考の基礎となっている。
2	(国語)漢字を覚えるのが苦手で、現在の漢字検定試験などを受けたら最低レベルだと思う。(何度同じ漢字を書いても忘れてしまう。)それを克服するため、たくさんの本を読んだ。本を読んで内容を自分なりに説明できるようになったことは大きな力となっている。	論文を書いたり、本を書いたりすることができるようになった。ただし、漢字がすぐ出てこないのは同じで、パソコンによる漢字変換機能が、大きな助けになっている。今でも、「バラ」という漢字「薔薇」はパソコンでしか書けない。 また、本をたくさん読めるという能力は、仕事だけでなく、読書という趣味として、人生を本当に豊かにしてくれている。読書がなければ、生きていけない!!
3	(社会)明治時代になり、いろいろな制度が大きく変わったことを学習した。特に教育システムがそれまでの寺子屋から政府の実施する学校教育に変わったなどという知識は、現在の教育を考えることに大きく役立っている。	インストラクショナルデザインの研究や実践において、新しい教育手法などを導入しようとするとき、明治時代の改革の方法の良い点、悪い点などが大きな参考となっている。
4	(数学)多変量解析	論文執筆には欠かせない道具である
5	(物理)電子回路	簡単な電子装置を家で作ってみたり、コンピュータシステムの障害対策などをする時にも、基本的な知識として大きく活用している。
6	(物理)運動の法則など	たとえば、慣性の法則などは、車の運転でカーブを曲がる時にも、活用できている。(重たい荷物を載せたときには、カーブはゆっくり曲がる。時速何キロで実家に向かえば、何時間くらいで到着するかなども、運動の法則から計算できている。)
7	ネットワークプロトコル	自宅サーバを立ち上げたり、いろいろなインターネット機能の活用に役立っている。

第1章 学ぶとはどんなことだと思う？

表1-5 不活性知識の記入例

NO	不活性知識	何の役に立つか
1	(社会)歴史の年号	関が原の戦いの年号、大化の改新の年号など、記憶ができなかった。年号では記憶ができなくても、そのイベントが発生した原因を知り、その結果どのようなイベントが次に発生したかを考える。自分の仕事などにその原因や結果の連鎖を結び付けることにより、役立たせることができる。
2	(国語)古文、ラ行変格活用	なぜ、このような活用がされていたのか、現在はどうしてこのような活用をしなくても、意味を伝えられるのかなどを考えれば、古文を読む趣味がなくても活用できるのではないか。英語などの他の言語と比べることなどを行えば、英語の学習にも参考になるのではないか。しかし、現在、この知識は私はまったく活用していない。せっかく覚えたので活用方法をこれからも考える。
3	偏微分	微分、積分は、直接使わないまでも、極限まで分解して考える点などは、活用しているが、偏微分は具体的な活用方法が浮かばない。これから考えたい。
4	有機化学	新聞を読むときに、少し思い出す程度の使い方である。もし、仕事との関連が出てきたら、再度勉強して活用をしようと思う。
5	ベートーベンの作曲した曲名	有名な作曲家の曲名を中学で覚えるように言われ、テストされて、落第点を取った。「運命」くらいは覚えているが、単なる雑学程度の知識で十分と自分は思っている。
6	因数分解、三角関数	学習した記憶はあるが、まったく使ったことがないし、今後も使わないといっている人が私の脇にいます。学習したのだから、何らかの役に立っているのではないか、たとえば、論理的思考ができるようになったなどの効果はないかと聞くと、「ない」と無邪気に答えがきます。皆さんはどう考えますか。
7	そろばん	時間はかけたが、上達しなかった。計算が早くなったわけでもない。同じようなことが、パソコンのプログラムでもいろいろある。Adobe社のイラストレータやPremiereなども、かじっただけで、仕事に使えるとこまでいっていない。本当に活用できるまで、今後学習したい。

せっかく学習したものは使えるようになりたい、使うようにしようと努力していると信じています。(信じたい？)

しかし、現実には学習したものには不活性能力が多いし、不活性なのかどうかはっきりわからないものも多いのが現状です。

不活性知識、不活性能力はそのままでは、使えませんが、実は、どのように活用できるか、何に利用できるかを考えると、活性化する方法が見つかるものです。不活性知識を活性化して自分の能力を倍増しましょう。大学を出て、働いているうちに、大学であの時に習ったあれはこれに使えるのだと、たまたま気が付くのを待つのではなく、不活性知識を明確にして活性知識にしてしまえば良いのです。

以上をまとめてみますと、
- 活用できてはじめて知識、能力に価値が出てくる
- 学習する前から、知識、能力の活用場面、必要性を知ることが重要
- 学習中に、学習していることをどのように生かすのかをイメージできていることが重要
- 何のために学習するのか、深く考えておくことが、学習の質を変える
- 自分の持つ不活性知識、不活性能力を明確にして、活性知識、活性能力に変えることが自分の能力を何倍にも増やす

このように書くと、趣味で学習しているだけ、面白いから学習しているだけで、それを使用する必要なんかないという学習をして何が悪いという意見があるかも知れません。もちろん、そのような学習があっても良いでしょう。その学習そのもので「自分が楽しかった」という活用ができたのであろうし、楽しかったという経験とそこで習得したことは、自分が活用するという意識がなくても、どこかに生きていくことが多いのではないかと思います。

単なる趣味の学習でもその具体的能力を実際に発揮することを想像しながら学習するだけで、学習効果が大きくなるのです。

■第2章 「学習力」とは何か

　学習とは何かを第1章では考えてもらいました。学習することができる能力が学習力ですが、具体的には学習力とは何なのでしょう。あなたが身に付けなければならない学習力とはどんなものなのでしょう。

2-1　何のために学習するか

　日本人全員が、年に1冊も本も読まず、難しいことを考えるのは面倒、お金がある程度稼げて、今のまま暮らしていければいいやという考えで、安穏と過ごしたら、あなたの子供はどのような社会で生きていかなければならないでしょう。日本はどうなってしまうのでしょう。
　現在の日本は、ここまではひどくないでしょうが、これに近づいているような気がするのは私だけでしょうか。あなたはこのような意見を聞いたことはありませんか。また、あなたは、このようなことを感じたことがないでしょうか。
　また、学習塾などの話を聞くと、勉強では人を蹴落としていかなければならないというようなイメージを植え付けているようにも見えます。人を蹴落として自分が、自分だけが高校に、大学に入学できれば良いというような風潮があるように思います。
　人を蹴落としていては、より良い社会、本当に発展する社会は実現できないでしょう。入試にパスするということだけを考えていると、「他の人の成績が悪い方が自分の合格の可能性が高くなる、だから、級友に教えるなどということは絶対やらない」というような考えになってしまうかもしれません。大学生に共同で研究して勉強しなさいと言っても、うまく協調できないというような例が多いと聞きます。これは、蹴落とし

表 2-1　学習目標

自己レベル（1：まったくできない、2：あまりできない、3：ほぼできる、4：完全にできる）

	学習目標	評価方法	自分のレベル	自分の重点学習項目　○or×（理由付加）
1	自分が学習する理由は「自分が成長し、自分の属する組織（家庭とか学校とか会社など）が繁栄し、その結果、社会が発展すること」であることを自分の経験などを含めて自分の言葉で説明できる	友達、先生などと自分が学習する理由を討論し、自分の言葉で自分が学習する理由を説明することができれば合格		
2	学習基盤社会における学習力の考え方を図示することができる	自分の考えを取り入れた学習基盤社会の図を書くことができれば合格		
3	自分の欲求、社会の欲求について分析できる	表2-2 欲求満足度分析表に記述することができれば合格		
				（関連項目として自分が学習したいことがあったら左に記述）

あいをしてきた後遺症ではないかと思います。このような考え方のままで学生時代を生きていくと、自分だけが良ければ良いと思っていて、他の人がみんな不幸になっても構わないという生き方が身に付いてしまい、社会に出ても自分だけが良ければ良いというようなことになっていってしまいます。

たとえば、「おれおれ詐欺」を考えて下さい。お金をだまし取った犯人は、お金が手に入ったと喜ぶのでしょう。でも、すべての人が「おれおれ詐欺」の犯人になったら社会はどうなるでしょう。社会の発展なんてとんでもなく、社会は崩壊するでしょう。社会が悪くなってしまっては、いくらお金が手に入ったといっても、結局は自分も不幸になってしまいます。考え方を変える必要があります。

　学習することにより新しい能力を獲得できます。その獲得した能力をどのように活用するか、活用してどうするのかを考えておかなければなりません。自分が能力を活用することにより、自分が成長し、自分の属する組織（家庭とか学校とか会社など）が繁栄し、その結果、社会が発展することが必要なのです。

　自分が変われば、それに影響を受けて人も変わります。人が変われば社会も変わります。自分が成長して自分の所属する組織に貢献すれば組織は良くなり、組織が良くなれば、社会も良くなっていきます。みんなが、そのような方向で学習をしていく必要があります。

2-2　学習力とは（学習基盤社会）

　自分が成長し、それにより自分の所属する組織が繁栄し、そのような組織が増えることにより社会が発展していくモデルが図2-1です。

　戦後の高度成長と現在の社会の状況をわかりやすいように少し誇張して考えてみましょう。高度成長の時代には、一度覚えた仕事を一生続けていけました。新しい仕事は新しく社会に参加する若者が実施していきました。つまり、今までの仕事はそのまま必要とされ、その上に新しい仕事が生まれて、仕事が急速に増加していったのです。だから高度成長ができたのです。しかし、現在は、古い仕事はすぐに必要とされなくなり、その仕事をしていた人は新しい仕事ができるようにならなければいけなくなりました。

　つまり、学生時代、または新入社員時代に覚えた仕事だけをして一生食っていける時代ではなくなったのです。新しいニーズに対応した新し

学習基盤社会

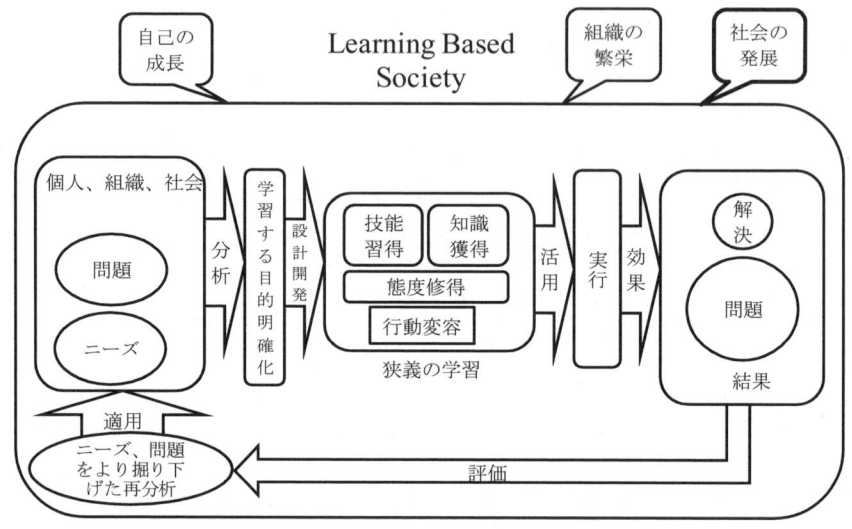

図 2-1　学習基盤社会

い仕事ができる能力を常に獲得するようにしていかなければならないのです。

図 2-1 は、上記の考えを図示したものです。このような、みんなが学習を継続することで、発展する社会のことを「学習基盤社会：Learning Based Society」と名付けました。この社会では、ニーズに基づき各自が自分で学習の目的を定め、自分で学習方法を開発して学習し、その結果を自分で評価します。結果をもとに再度ニーズや問題をより深く分析し、学習目標設定へとループしていきます。

大学などの高等教育について上記を考えると、先生が教育力を向上させ、学生が学習力を向上させてはじめて効果的、効率的、魅力的な学習ができるのです。そのような学生が社会に出て学習を続けることにより社会が発展するのです。

たぶんみなさんは「知識基盤社会」という言葉は聞いたことがあると

思いますが、「学習基盤社会」という言葉は聞いたことがないでしょう。研究などにより新しい知（ノーベル賞を取るような研究結果から、日常生活のこまごまとしたことにかかわる新技術など）を作り出したり、それをアーカイブ化（蓄積）していくことは大事なことではあると思います。しかし、本当に必要な知が作られて、本当に必要なところに活用されて、効果を出してはじめて知は生きてきます。図 2-1 は、ニーズに基づく知の創造も含む学習と、その活用結果の評価から再度ニーズを考えるというループを繰り返します。そこで、このようなループを「知識基盤社会」ではなく「学習基盤社会：Learning Based Society（LBS）」と名付けました。

「知識基盤社会」にも、学習を継続していくという考えが含まれてはいます。しかし、「知識」基盤社会という名前だと、知識を暗記すれば良いという教育を肯定しているように聞こえてしまいます。学習とは暗記だけではないということも「学習基盤社会」という言葉で表すことができるのではないかとも考えています。

ところで、図 2-1 の中で、「問題・ニーズ」とは、目に見える・単に言われたニーズを言っているわけではありません。

図 2-2 の例を見てみましょう。親が「良い大学に入ってほしい」という要求をあなたにしたとします。いわれたから「では良い大学に入りましょう」と思うのではなくもっと深く分析してほしいということです。たとえば、これを分析する一般的な項目としては、以下のようなものが考えられます。これ以外にもみなさん個人の問題として分析しなければならない項目もあるのではないかと思います。

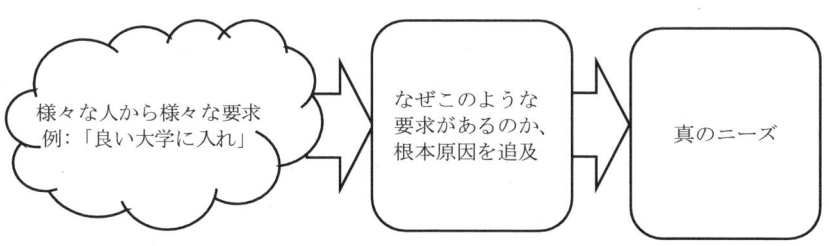

図 2-2　真のニーズ

- 良い大学とは何か
- 大学に入る目的は何か
- 大学でどのような能力を身に付けるのか
- 大学を出たことでどのような効果があるのか
- 大学ではどれだけコストがかかるのか（親の出す授業料などの金額とあなたが大学で費やす総時間はどのくらいか）
- 大学卒業で得られることは、上記のコストをかける価値があるか

　図2-1の左下の「ニーズ、問題をより掘り下げた再分析」というフィードバックは、二度目のニーズ分析はもっと深く視点を変えて行えということです。

　中学の時に「良い大学に入れ」と言われて、自分もその気になり素直に「良い大学に入るための高校」を選択したとします。高校卒業前には、高校での学習を評価して、その上で、再度「良い大学に入る」ことを分析します。たとえば、大学を出てから何をするか、どのような仕事をするのか、どのような人生を送りたいか、その結果、自分が社会にどのような貢献をするかなどを分析します。そのために「良い大学」とはどこかを選択するのです。大学を卒業する時は、自分の目指す仕事のできる具体的な企業や業界などを踏まえた深い分析が必要でしょう。

　なお、図2-1の中の「狭義の学習」については次章「第3章」で別途説明いたします。

2-3　自分の欲求は？

　図2-1のような学習基盤社会に生きる我々は、自分の状況をできるだけ客観的につかんでいる必要があります。問題とかニーズは自分の状況から生まれてくるからです。

　その分析にアブラハム・マズロー（1908年〜1970年、A.H. Maslow、アメリカの心理学者）の欲求階層を利用してみましょう。

第 2 章 「学習力」とは何か　　　　　*17*

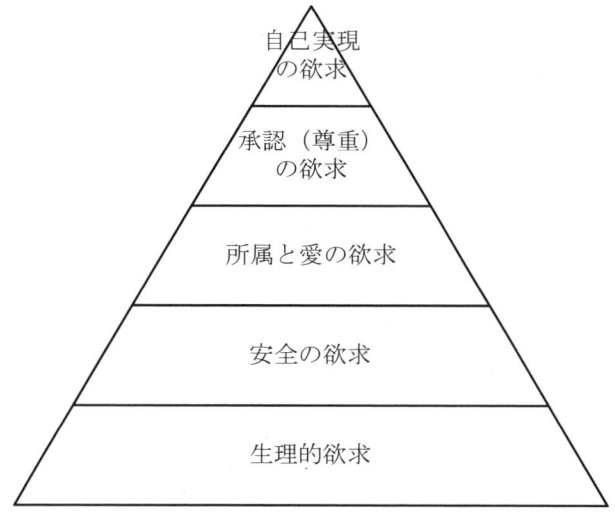

図 2-3　マズローの欲求階層

　まずは、マズローの欲求の 5 階層を説明します。少し説明が難くなりますが、読んでみて下さい。なお、この階層では、下位階層の欲求が満たされていないと上位の欲求はあまり発生しないと考えられています。

(1)　生理的欲求
　食欲・睡眠欲などの本能的・根源的な欲求。衣食住の欲求とも言える。この欲求が満たされない場合、人間は生きていけない。
　今でも餓死する子供がいる国では、この欲求がまったく満たされていない。
〈食べる〉
　　必要な量を食べられているか、栄養価としては十分か、美味しさという点では満足か、食事時間や場所は満足か、費用的に満足か、食器や準備や片づけは満足か、不満はあるか
〈住む〉
　　住む場所はあるか、広さは満足か、設備は満足か、場所は満足か、費用的に満足か、不満はあるか

〈着る〉
　身体を守る機能として満足か、数は十分か、健康で美しく見せるなどの機能としては満足か、コストは満足か、不満はあるか

(2) 安全の欲求
　安全で、経済的に安定し、健康でありたいという欲求。
　予測可能で、秩序だった状態を得ようとする欲求。
　内戦中の国などでは、この欲求を強く持つ人が非常に多いだろう。(内戦が終わっても地雷や不発弾などが残っていては危険がなくならない)
〈事故、脅迫などの回避〉
　　事故(交通事故や地雷を踏んでしまうということ、火事、地震、洪水など)を避けて安全に暮らしていけているか、いじめや暴力団とか借金取りからの脅迫、戦争などに巻き込まれる危険などから回避できているか
〈経済的安定〉
　　飢え死になどを恐れずに暮らしていけるだけの収入や支援があるか、自分の望みをかなえることができるだけの収入があるか、いざという時の備えを残せるだけの収入や支援があるか、収入や支援は安定しているか、経済的な面で不満や危険を感じているか
〈健康の維持〉
　　現在は健康か、健康の維持はできているか、今後の健康維持に不安はないか、健康維持の方法やコストに不満はないか

(3) 所属と愛の欲求
　どこかに所属しているという感覚を持ちたい、愛されていると感じたいという欲求。
　孤独感や社会的不安を感じている人は、この欲求を強く感じていると思われる。
　親に虐待されている子供のこの欲求は切実であろう。いじめられっ子のこの欲求は強いであろうが、集団でいじめを加えるいじめっ子は、集

団に所属しているゆえにこの欲求は所属という面で満たされていると考えられる。(愛という面ではいじめっ子は満たされていないことが多いのではないか。みなさんはどう思いますか)
〈家族とのつながり〉
　家族とコミュニケーションがとれているか、家族に愛されているか、家族を愛しているか
〈友達とのつながり〉
　友達は十分いるか、友達と十分コミュニケーションできているか、友達を愛しているか、友達から愛されているか
〈学校や会社などとのつながり〉
　学校または会社の中で、同級生や同僚から愛されているか、愛しているか（ここで言う愛は恋愛のことではなく、好きであり、嫌っていないということ）
〈近所付き合い、社会とのつながり〉
　近所の人や構成をよく知っているか、社会とのつながりは十分あるか、近所や社会から愛されているか、不満はないか

(4) 承認（尊重）の欲求
　自分が集団から価値ある存在と認められ、尊重されることを求める欲求。
　他者から尊敬されたり地位を得たりすることにより満たされる欲求と、自分が高い能力を得たり自立できたと感じることで得られる満足がある。
　この欲求では、一般に他者から高く評価されることよりも、自分で自分自身を高く評価できることの方が重要であると考えられている。
〈家族から尊重されている〉
　家族から尊重されているか、家族を尊重しているか、自分は尊重に値する高い能力を獲得していっているか、不満はないか
〈友達から尊重されている〉
　友達から尊重されているか、友達を尊重しているか、友達にとって

自分は尊重に値する高い能力を獲得していっているか、不満はないか
〈学校、会社などで認められている〉
　　学校または会社から尊重されているか、学校または会社を尊重しているか、学校または会社にとって自分は尊重に値する高い能力を獲得していっているか、不満はないか
〈近所や社会から認められている〉
　　近所や社会から尊重されているか、近所や社会を尊重しているか、近所や社会にとって自分は尊重に値する高い能力を獲得していっているか、不満はないか

(5) 自己実現の欲求

　自分の持つ能力を発揮し、自分の理想を実現したいと思う欲求。
　上記4つの欲求は欠乏すると感じる欲求であり、満たされると消える欲求。欠乏欲求と呼ばれる。
　自己実現の欲求は成長欲求と呼ばれる。満たされれば、さらに上を目指したいという欲求が発生する。
　大学や社会に出てから学習するということは、「自分の能力を高め承認欲求を満たす」とともに、「自分の考え・理想を実現することにより自己実現欲求を満たす」ための手助けと考えることができる。
〈自分の目標、実現したい理想を持っている〉
　　具体的な自分の目標、実現したい理想を持っているか、その目標や理想は実現の可能性があるか
〈上記を実現させるための能力獲得を続けている〉
　　目標や理想を実現するために必要な能力の獲得を継続しているか、そのための障壁になっているものは何か、問題は何か
〈自己実現ができている〉
　　今までで自己実現ができたものは何か、今、自己実現に向かって頑張っていることは何か、今後、どんなことに挑戦したいか、自己実現を阻む要因は何か、実現のためには何をすればいいか明確か

第2章 「学習力」とは何か

表 2-2　欲求満足度分析表

評価点（4：完全に満たされている、3：ほぼ満たされている、2：少し満たされている、1：まったく満たされていない）

階層		評価点	理　由	改善方法
生理的欲求	食べる			
	住む			
	着る			
	その他			
安全の欲求	事故、脅迫などの回避			
	経済的安定			
	健康の維持			
	その他			
所属と愛の欲求	家族とのつながり			
	友達とのつながり			
	学校や会社などとのつながり			
	近所付き合い、社会とのつながり			
	その他			
承認（尊重）の欲求	家族から尊重されている			
	友達から尊重されている			
	学校、会社などで認められている			
	近所や社会から認められている			
	その他			
自己実現の欲求	自分の目標、実現したい理想を持っている			
	上記を実現させるための能力獲得と実現のための努力を続けている			
	自己実現ができている			
	その他			

各階層についての説明を読んだら、各階層への満足度を調べてみましょう。

まずは自分の状況について表 2-2 に評価点を記述してみて下さい。そして、その理由を理由欄に記述して下さい。評価点が 3 以下の場合は改善方法案を書いて下さい。

自分について分析ができたら、次のような人についても分析してみましょう。以下にあげるすべての人を分析する必要はありませんが、上記の表 2-2 欲求満足度分析表のコピー（表 2-3、表 2-4）に分析してみましょう。

- 父親
- 母親
- 兄弟姉妹
- 親友
- 嫌いな友達
- 学校なら同級生、会社なら同僚
- 学校ならば先生、会社なら上司

社会についてもこの欲求が満たされているかどうか分析してみましょう。

- 近所の人々
- 自分の所属する学校、または会社組織自体
- 日本の人々
- 韓国の人々
- 北朝鮮の人々
- 中国の人々
- アメリカの人々
- ヨーロッパの人々
- その他の国の人々

他の人についても分析して見たい場合は、表をコピーして下さい。

第2章 「学習力」とは何か

表 2-3 身近な人「　　　」の欲求満足度分析表

評価点（4：完全に満たされている、3：ほぼ満たされている、2：少し満たされている、1：まったく満たされていない）

階層		評価点	理由	改善方法
生理的欲求	食べる			
	住む			
	着る			
	その他			
安全の欲求	事故、脅迫などの回避			
	経済的安定			
	健康の維持			
	その他			
所属と愛の欲求	家族とのつながり			
	友達とのつながり			
	学校や会社などとのつながり			
	近所付き合い、社会とのつながり			
	その他			
承認（尊重）の欲求	家族から尊重されている			
	友達から尊重されている			
	学校、会社などで認められている			
	近所や社会から認められている			
	その他			
自己実現の欲求	自分の目標、実現したい理想を持っている			
	上記を実現させるための能力獲得と実現のための努力を続けている			
	自己実現ができている			
	その他			

表 2-4 社会「　　　」の欲求満足度分析表

評価点（4：完全に満たされている、3：ほぼ満たされている、2：少し満たされている、1：まったく満たされていない）

階層		評価点	理由	改善方法
生理的欲求	食べる			
	住む			
	着る			
	その他			
安全の欲求	事故、脅迫などの回避			
	経済的安定			
	健康の維持			
	その他			
所属と愛の欲求	家族とのつながり			
	友達とのつながり			
	学校や会社などとのつながり			
	近所付き合い、社会とのつながり			
	その他			
承認（尊重）の欲求	家族から尊重されている			
	友達から尊重されている			
	学校、会社などで認められている			
	近所や社会から認められている			
	その他			
自己実現の欲求	自分の目標、実現したい理想を持っている			
	上記を実現させるための能力獲得と実現のための努力を続けている			
	自己実現ができている			
	その他			

第 2 章 「学習力」とは何か

　このような分析をしてみると、満たされない欲求が多いことに気が付くと思います。「食べる」ということでも、日本ではほとんど飢餓に陥っている人はいないでしょうが、栄養価的な満足度、量的な満足度、美味しさの満足度、食事場所や時間の満足度などを考えると、私などは完全に満足とはとても言えません。

　このような欲求の渦巻く社会で、自分を成長させ、組織を繁栄させ、社会を発展させるには図 2-1 に示すような学習基盤社会：Learning Based Society が必要なのです。

　この学習基盤社会：LBS を実現することができる能力が「学習力」です。単に覚えるだけの能力は「学習力」ではありません。それは記憶力です。

　一人で、社会に渦巻く欲求、ニーズに立ち向かうことは不可能です。みんなが、このような渦巻く欲求を直視し、ひとつでも良いので、そのニーズを分析し、その改善に必要な能力を獲得して、獲得した能力を活用して改善に立ち向かっていく、そのように社会が変わる必要があると考えています。

■第3章　狭義の学習

　一般的には「狭義の学習」が学習そのものであると考えられています。ここでは、その「狭義の学習」を学びましょう。

表3-1　学習目標

自己レベル（1：まったくできない、2：あまりできない、3：ほぼできる、4：完全にできる）

	学習目標	評価方法	自分のレベル	自分の重点学習項目　○or×（理由付加）
1	狭義の学習について説明ができる	狭義の学習の図を何も見なくても書ければ合格		
2	KSAと知的技能、認知的方略について説明ができる	何も見ずに口頭で説明できれば合格		
3	メタ認知について説明できる	何も見ずに口頭で説明できれば合格		
				（関連項目として自分が学習したいことがあったら左に記述）

3-1　狭義の学習とは

　図 2-1 学習基盤社会の中の狭義の学習の部分を抜き出したものが図 3-1 です。私は学習というものを図 2-1 学習基盤社会のように考えていま

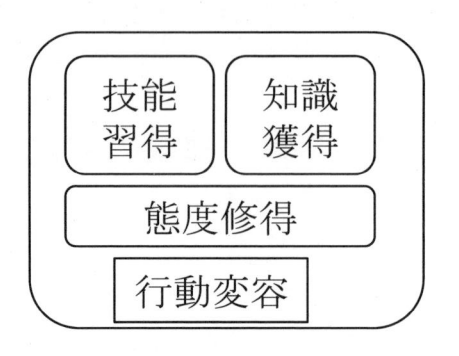

```
┌─────────────────────────┐
│ ┌─────┐ ┌─────┐         │
│ │技能 │ │知識 │         │
│ │習得 │ │獲得 │         │
│ └─────┘ └─────┘         │
│ ┌─────────────┐         │
│ │  態度修得   │         │
│ └─────────────┘         │
│   ┌─────────┐           │
│   │ 行動変容│           │
│   └─────────┘           │
└─────────────────────────┘
```

図 3-1　狭義の学習

すが、一般には図 3-1 が学習、または教育だと言われています。知識と技術、そして態度を学習することにより、学習した人の行動が変わることが学習だということです。この考えに何ら間違いがあるわけではありませんが、学習そのものの中に、学習の目的やその評価もはっきりと見えるようにしておくことが必要だというのが私の考えです。

なお、行動変容という言葉は心理学や学習理論の中で使われる専門用語です。学習する前とした後では行動が変わって見えるということです。

数学の公式を教わるとそれまで解けなかった問題の解答を出すことができたり、野球のスイングの指導を受けた後、素晴らしいヒットが打てたり、会社に入りビジネスマナーを学習した後、お客様に失礼でない挨拶ができるようになるというのが「行動変容」ということです。（単に行動が変わる、やり方が良くなると言えば良いのですが、学問という象牙の塔の中では難しげな言葉が幅を利かすのです）

3-2　直接の学習対象：KSA

直接の学習対象である知識（Knowledge）、技術（Skill）、態度（Attitude）の頭文字をとって KSA と呼ばれることがあります。この KSA の学習を図にしたものが図 3-2 です。

学校ではこの KSA は先生が生徒に学習すべきものとして提示します。

第3章 狭義の学習

```
┌─────────────────────────────────────────────────────────────┐
│     学習者に今から学習しなければならないものとして提示      │
│  ┌──────────────┐   ┌──────────────┐   ┌──────────────┐    │
│  │ 知識    K    │   │ 技術   S     │   │ 態度   A     │    │
│  │ (Knowledge) │   │ (Skill)      │   │ (Attitude)   │    │
│  └──────────────┘   └──────────────┘   └──────────────┘    │
│  漢字の読み方を知って  字を描けたり、彫刻が  ホテルの受付者が宿泊│
│  いたり、北海道がどこ  彫れたり、ある一定の  者に心地よい形で対処│
│  にあるか知っていたり  音程の声が出せたり、  したり、健康に良い生│
│  分数の計算方法（ルー  飛行機が運転できたり  活を選んだり、自分の│
│  ルや原理など含む）を  すること            研究分野を選択したり│
│  知っていたりすること                      すること          │
└─────────────────────────────────────────────────────────────┘
                            ↓
┌──────────────────────────────────────────────┐  ┌──────────┐
│ 知的技能                                     │  │学習活動の│
│ KSAを使い、実際の課題解決やタスクの遂行を行う。このためには、訓練│→│設計が必要│
│ （簡単な問題を解いてみることから、様々な経験をするなど）が必要│  └──────────┘
└──────────────────────────────────────────────┘
            ↑ 結果として身につく ↑
┌──────────────────────────────────────────────────────────┐
│ 認知的方略：知的技能を如何に使えば良いか（これが身につきやすい訓練が必要）│
└──────────────────────────────────────────────────────────┘
```

図 3-2　KSA と知的技能、認知的方略

生徒、学生はそれを暗記するなり、ノートに書くなどして覚えます。学習とは暗記だ、覚えれば終わりだと思っている先生や学生はここで学習を終えてしまいます。しかし、覚えたことが使えなければ何にもなりません。漢字は書けるが文章は書けない、数学の公式は覚えたが卒業論文で集めたデータの解析には使えない、ホテルの受付で学習したとおりのニコニコした笑顔で葬儀出席のため訪れたお客様に挨拶するなどということでは本当に学習したことにはなりません。

　学習した KSA を活用して問題を解決したり仕事をしたりすることができるようになるためには、訓練が必要です。いろいろな応用問題を解いてみるとか、現実の問題や課題を学習した KSA を使って解いてみるというようなことが必要です。先生は小テストを実施したりレポートを書かせたりしてこの能力を身に付けさせようとします。しかし、先生がいくら努力しても、生徒、学生がどうせテストに通ってしまえば忘れて良いのだから一夜漬けの暗記だけで良いと思っていたらこの力は付きません。学習者も自分がどうしたらこの能力を身に付けられるか考えて、自

分の「学習活動」を設計することが必要です。

　このような実際に活用できる能力にすることを図 3-2 では「知的技能」と言っています。一般には「知的技能」とは知識を活用できる能力のことを言いますが、知識はそれだけでは活用できず、技術や態度も一緒に使わないとだめなので、「KSA を活用して」というように K だけでなく、S と A も含めています。

　このような知的技能を身に付けていくと「認知的方略」または「認知方略」という能力が身に付きます。

　まず、「方略」という言葉は何だろうと思うかもしれませんので、最初にその説明をします。「方略」は英語では Strategy と言います。Strategy を辞書で引くと戦略と出ています。ですから、「認知的方略」とは物事を認識して知るための戦略という意味になります。もっと簡単に言いますと、「物事を知る、学習するための方法そのものを身に付ける」ことになります。（方略とは学習理論などに使われる専門用語です。一般の人はほとんど使いません。）

　「認知的方略」を身に付けるとは、新しいことを学習しようとした時、今まで学習してきた方法を振り返って、効果、効率などが良かったこと、自分が良いと思った学習方法を活用することができるようになることです。また、現実に知的技能を活用しようとした時、学習した時とは環境などが微妙に違ったりします。それを認識して、環境の違いなどに合わせて学習した能力を変形して活用するというようなこともできるようになるということです。

　表 3-2 は、KSA の定義や事例を示したものです。

第3章 狭義の学習

表 3-2 直接の学習対象：KSA

能力		英語名	定　義	学習事例
知識	言語情報	Knowledge	知っていることである。一般に対象を言葉で説明できることであるが、図示したり絵で描いたり声などで再現することができるようなことも知識である。また、ルール、原理、公式などというものも知識である。 ただし、自分の頭の中に、いろいろなものとリンクされたかたち（これをschemaという）でなければならず、本や資料などを調べればわかるというものは単なる外部情報である。ただし、どこを調べれば情報が得られるかということは知識である。	省略 （本に書いてあることやインターネット上にあるものはデータであり、単なる情報である。それを既存の知識などとリンクさせて記憶して初めて知識となる。）
技術	運動技能	(motor) Skill	身体を動かして、何らかの目的を達成することである。	逆上がりをする。 文字や絵を描く。 野菜を刻む。 彫刻をする。 飛行機を操縦する
態度	情意	Attitude	人やものや状況などに対する反応である。学習では、好ましい反応を強化し、好ましくない反応を回避または減少させていく。	エコを考えた生活をする。 ホテル受付者に宿泊者が快適に感じる態度をとらせる。 困っている人がいたらできるだけ助けるようにする。 アルコール依存から抜け出るようにする。 麻薬などの薬物に近づかないようにする。 自分が儲かれば他人はどうなっても良いという考え方を改める。

3-3 上位の学習対象

表 3-3 は、KSA の学習の上位にあたる学習対象です。この表では認知方略の次にもうひとつ高次の学習である「メタ認知」を追加しました。

認知方略は表の中の事例に書いてありますが、良い教育を受けたり、

表 3-3 上位の学習対象

能力	英語名	定　義	事　例
知的技能	Intellectual Skill	知識（ルールや原理など含む）を活用して物事を解決に導く能力	文章を書く。 適切な公式を選択して問題を解く。 教育コースを設計する。 建物の構造強度計算を行う。 来年の経済動向を予想する。
認知方略	Cognitive Strategy	どのような方法、戦略をとれば求めるものを学習できるのか、わかるのか、考え出せるのかというような「あたまを使って、問題を解いたり、タスクを実施したりする時の、あたまの使い方」である。学び方を学ぶことである。	良い教育を受ける、良い学習をする。 自分の学習の仕方を振り返り、うまくいった方法を明確にし、うまくいかなかった学習についてどのように変えたらうまくいくかを考える。 第10章で説明するガニエの9教授事象などの教授方略を学習する。
メタ認知	Metacognition	認知過程を自分でモニターしたり、管理したりすることである。	何のために、あなたは学習しているのですかと質問し、それに答える。 文章を要約して他の人に伝える。 他の人の言ったことの意図、なぜそのような発言をしたかについて考える。

良い学習をすると身に付けられます。「メタ認知」は他人の書いた文書を要約して他の人に伝える時などに使われる能力であり、他の人が言ったことの意図、なぜそのような発言をしたのかなどを考える能力などです。何のために学習しているのかというような質問にも答えられる能力がこのメタ認知になります。つまり、メタ認知とは自分や他の人の考え方、学習方法などを分析できる能力です。

　狭義の学習においても、学習はこの「認知的方略」「メタ認知」のレベルまで来なければならないのです。

　自分の学習の状態を分析してみましょう。表3-4 に記入してみて下さい。

表 3-4　課題

課題	記入欄
今までの学習で身に付けたあなたの学習方法	
今あなたは、学校で、会社で、何のために学習しているのでしょうか。(何のために学習しているか目的を自分が納得していなければ狭義の学習行為は、単なる拷問になってしまうでしょう)	
本章の要約を作ってみて下さい。	

■第 4 章 インストラクショナルデザインモデルの活用方法

本章では、インストラクショナルデザインとは何かを考えましょう。

表 4-1 学習目標

自己レベル（1：まったくできない、2：あまりできない、3：ほぼできる、4：完全にできる）

	学習目標	評価方法	自分のレベル	自分の重点学習項目　○or×（理由付加）
1	インストラクショナルデザインの定義を説明できる	何も見ずに言うことができれば合格		
2	学習効果の必要性を説明できる	学習効果の事例を言えれば合格		
3	学習効率の必要性を説明できる	学習効率の事例を言えれば合格		
4	魅力的な学習とは何かを説明できる	魅力的な学習の事例を言えれば合格		
5	ADDIE モデルを図示できる	何も見ずに図示できれば合格		
6	学士力モデルや大学モデルを説明できる	既存の図を使って説明できれば合格		
				（関連項目として自分が学習したいことがあったら左に記述）

4-1 インストラクショナルデザインとは何だろう

　本当に必要で活用できる能力を死ぬまで獲得し続けることが必要なのは、すでにみなさん自身、強く感じているでしょう。「本当に必要で活用できる能力を死ぬまで獲得し続ける能力」を本書のいう「学習力」と名付けました。この「学習力」のための強力なツールがインストラクショナルデザインです。これを活用して自分の「学習力」を強化しましょう。

　ところで、今までインストラクショナルデザインという言葉を聞いたことがありましたか。英語で書くと Instructional Design と書き、ID と略されます。

　・Instructional：教育、教授、指示
　　（この教授は先生という意味ではなく教え授けるという意味）
　・Design：設計

　以上を合わせて考えるとインストラクショナルデザインとは「教育の設計」という意味になります。

　少し硬い言葉になってわかりづらいかもしれませんが、インストラクショナルデザインの定義を次に示します。

> インストラクショナルデザイン（ID）とは教育の真のニーズ充足のために学習の効果・効率・魅力向上を図る方法論である。

図 4-1　インストラクショナルデザインの定義

　定義文の後ろから見てみましょう。方法論とは何でしょう。「論」と付いているのは学術的な印象を与えたいという色彩が非常に強いと思います。つまり「方法論」は「方法」とほとんど同じです。（英語でも方法論は methodology で方法は method です。前者のほうが学術的な匂いがするでしょう）ここでは、方法論＝方法だと考えて下さい。「ID とは学習の効果・効率・魅力向上を図る方法」なのです。

では、「効果・効率・魅力」とは何でしょう。個別にみていきましょう。

(1) 学習効果

学習して知識や技術や態度を身に付けたら、それをどのような方法であれ活用できなければ意味がありません。学習したのに何も身に付かないのは学習とは言えません。たとえ仕事には一切役立たなくても自分の楽しみのため学習し、自分の楽しみが増加すればそれは効果があったことになります。(ただし、大学の学習や企業に入ってからの学習は仕事に役立たない学習なんて学習ではない、効果もないといわれることがあるかもしれませんが。社会に出ても、仕事に直接役立たなくても自分や周りを豊かにしてくれるような能力は学習したいものですが、なかなか時間がとれないのが現状です)

(2) 学習効率

短期間であまり労力を使わずに学習したいと感じたことはありませんか。たとえば、九九を覚えた時のことを思い出して下さい。中には何の苦労もなく覚えてしまった人もいるかと思いますが、私などは大変な時間がかかりいやになったものです。でも、「ごいちがご、ごにがじゅう」などという歌のような言葉があったから何とか学習できたのだと思います。世界の中には二けたの九九（99×99 までを暗記する）まで覚えるようなところもあるようです。これを覚えるには「ごいちがご」などと言っているだけではなく、もっと効率が良い記憶方法が必要だと思います。つまり、九九を覚えるより効率的な学習方法が必要になるということです。

同じことを学ぶにも、効率的な方法と非効率な方法があるということです。たとえば、ホームページの作り方を考えてみましょう。ホームページはタグというテキストを組み合わせて作ります。ですから、タグをすべて覚えてホームページを作るという学習方法を選択したとします。すると何千もあるタグとその属性などをすべて覚えなければならなくなります。1年たってもタグを学習することが続くだけで、結局ホームペ

ージ作成は自分にはダメだったとなってしまいます。

　数個の基本的なタグを勉強し、あとはオフィス系のソフトで通常の文書を作成し、それをホームページ形式（html形式）で保存するだけという学習方法をとれば、簡単なホームページならすぐに作れてしまいます。より複雑な業務に使うようなホームページなら、必要になった時、ホームページ作成ソフトを買ってその操作方法を学習するということで能力を向上できるでしょう。みなさんならどの方法が良いですか。（一昔前の日本の英語教育は、このホームページ作成方法の学習で上げたタグを全部覚える方法と同じなのではないか？　単語を覚えて、文法を覚えて、そして10年たっても書けない、読めない、聞けない、話せない。今の英語教育はコミュニケーション重視といわれてますが、話せるようになっているのでしょうか？）

　現代は、忙しくて、忙しくて、時間がなくて、でも、学習しなければならない事柄は後から後から出てくるのです。学習は効率的にできなければなりません。

(3) 学習の魅力

　九九がすべて覚えられた時とか、逆上がりができるようになった時、自転車に乗れるようになった時、みなさんは、自分自身が誇らしく、うれしかったのではないでしょうか。先生やお父さん、お母さんなどが褒めてくれたりすれば、もっと嬉しくなったでしょう。

　人は、目的とすることが実施できる能力が身に付いたと自分で気が付いた時に自分に誇りを感じ満足します。友達がいくら褒めてくれても自分が自分の能力に満足していなかったら自分に誇りは持てません。学習は一生続けていかなければならないものであり、自分に誇りと満足を与えてくれる学習こそ、学習を継続させるのです。それを周囲が認めてくれれば、より良いでしょう。（自分自身を誇れることが一番目の魅力、褒めてもらうのは二番目の魅力。2-3節の自分の欲求は？で読んだマズローの自己実現欲求を思い出して下さい。自己実現に結び付く可能性の高い喜びが一番の魅力となります。）

なお、先生が面白い話をしてくれたとか、ゲームをしながら学習できたから学習が面白かったというのは、結局目的とした能力の習得とは関係ないことであり、直接学習の魅力とは関係ありません。学習者の学習意欲や注意を引き付けるための手段です。

　自分に能力が少しずつではあるが身に付いてきているのが実感できる、これならば自分でも最後まで学習して完全な能力が身に付きそうだと感じられるような授業が魅力ある授業と言えます。（そうは言っても、教室で先生がしてくれた教科とは直接関係ない話、体験談などは、教科の内容以上に印象に残っていたりします。直接の仕事などには役立っていないかもしれないが、自分の生き方などに影響は与えていると感じている。そのような授業に挟まれた記憶に残る"無駄"話は、直接教科の学習目標とは関係ないが、生き方、人生に対するひとつの学習目標項目だったような気がする。）

　図4-1 インストラクショナルデザインの定義の中の「真のニーズ」については、2-2節の学習力とは（学習基盤社会）の中で説明しています。単純に要求されたこと、見えていることをニーズとしてとらえるのではなく、その根本に立ち返って分析し、その原因に対応するようにするのです。

　定義の説明の最後に、ひとつ追記しておきます。インストラクショナルデザインは最初 Instructional System Design と言われていました。System とは組織的にという意味です。先生が一人で勝手に決めるのではなく、学校、大学という組織として統一のとれた設計を組織として実施するということを示しています。いつの間にかインストラクショナルシステムデザインと言う言葉から System が抜けてしまいましたが、組織として統一して実施していくことが重要なことは変わりがありません。その意味で、図4-1 インストラクショナルデザインの定義に、「組織的に」という言葉を加えることもあります。（System が抜けてしまった理由ははっきりわかりませんが、コンピュータシステムなどが発展しそれと混同されてしまう恐れなどから抜けたのではないかと想像しています。）

4-2 ADDIE モデル（Lee & Owens）

インストラクショナルデザインのモデルで基本的なモデルが ADDIE モデルです。図 4-2 は、その ADDIE モデルに Lee & Owens（インストラクショナルデザイン入門（2003）、Lee & Owens、東京電機大学出版局参照）が少し修正を加えたものです。変更とは Analysis の中をニーズ調査と初期分析に分けたことです。通常、Analysis は「分析」と単純に書かれるのですが、これが「ニーズ調査」と「初期分析」の二つに分かれています。この二つを明確に区別して、分析を確実にしかも効率的にしようという考えで分けています。

「ADDIE」は「アディー」と読まれます。アメリカなどの海外でも「アディー」、「アディーモデル」、「アディープロセス」で通用します。

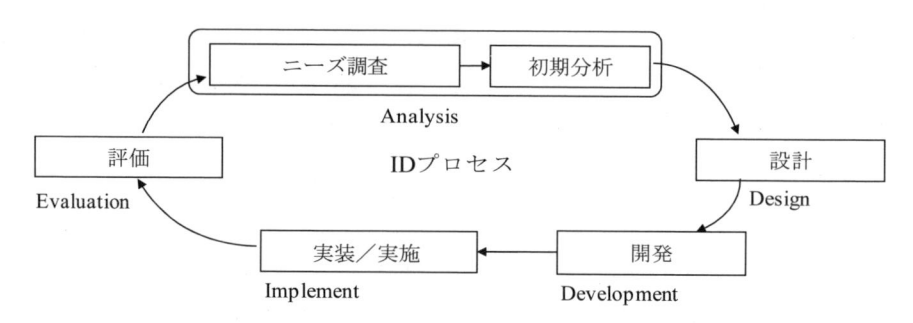

図 4-2　ADDIE モデル（インストラクショナルデザイン入門、リー＆オーエンズ、東京電機大学出版局（2003）より引用）

図 4-2 の ADDIE モデルを見ていきましょう。

① ニーズ調査

確実にしかも効率的にニーズ調査します。表面的なニーズではなく、その根本原因を探ります。ニーズ調査では、調査される人、つまり、被調査者に大きな負担がかかります。アンケートに答えたり、面接調査をされたり、実際の仕事をしている状態を観察されたりビデオに撮られた

第4章 インストラクショナルデザインモデルの活用方法

りします。ですから被調査者の負担をできるだけ少なくするようにニーズを効率的に調査します。

② 初期分析

ニーズを様々な面から組織的、体系的に分析します。この中で根本原因を明確にして、解決後のゴールを定め、そのゴールに至る道、解決方法を検討します。解決方法には、活用可能なすべての方法を調べ、効果的な解決方法となるように組み合わせます。このニーズを満たして、ゴールに至る方法は教育でない場合も多くあります。教育以外の方法、たとえば、新しいツールを作るのなら、そちらに進みます。

③ 設計

学習理論、心理学、教育学、発達学などの理論や既存の教育方法事例、WEBなどを利用した教育技法(これはeラーニングと言われることが多い)、いろいろな教育ツール(先生もひとつのツールであり、教科書も同じ)などの利用可能性や実現性などを考えて具体的な学習方法を作り上げます。授業の実施方法からテスト問題や実技試験、教科書、WEBコンテンツなどの設計、教育支援体制の立案などもここで行います。

④ 開発

時間割、講義案(授業案)などの具体的に授業をどう進めるかなどを学習者に示すための資料を作ります。教育のゴールや学習方法などを提示する資料も作成します。教育受講時に必要な能力レベルと教育終了時に得られる能力を具体的にどのレベルまで到達できるのか一般の人にも良くわかる資料も作成します。その到達レベルの判定方法についても学習目標項目ごとに明確にします。

大学ではこれらをまとめてシラバスという名前で出しています。(ただし、現在はまだ内容が明瞭でないシラバスや必要な項目が抜けているシラバスも非常に多くあると言われています。)このシラバスに合った教材、テスト問題を作っていきます。また、必要な先生の養成や獲得、支援組織の立ち上げ、必要な教育ツールの作成や購入も行います。これには実習機であるとかeラーニングシステムの構築なども入ります。

⑤ 実施／実装

実際に教育を実施します。eラーニングならばコンテンツをシステムに実装して学習者をシステムに登録し、ログインのためのIDやパスワードの発行なども行います。実施開始時には、設計時に想定した学習者と実際に集まった学習者の相違点をアンケートや個別面接などで明確にする必要があります。実施中には設計どおりに進捗しているか常に確認し、通常、問題があった場合はその時点で解決する必要があります。終了時点では、設計どおりのレベルに達したのか、ゴールは守られたのかを確認し、ダメな場合は対策が必要です。

⑥ **評価**

図4-2では評価が最後に書いてありますが、実は評価はすべてのステップで実施します。実施／実装のところでも、進捗の確認などという説明を入れておきましたが、この進捗の確認などというのも評価です。ニーズ調査にしろ、設計、開発にしろ、その進捗や成果物が本当に活用できるものなのかなど常に評価をいたします。この最後のステップで行う評価は、その前までのステップで実施した評価を含めた総合的なものです。そして、最終的に、実施してきたプロセスがニーズ分析で提起したニーズを満たし、ゴールを達成したのかを評価します。そして、解決できなかったニーズや新しく発生した問題などがあれば、それを分析します。そして、新たなインストラクショナルデザインプロセスを開始します。

この新たなプロセスでは、ニーズは前回とは違うレベルまで掘り下げ、より進んだ解決方法というより、まったく新しい解決方法を探すというスタンスで実施します。（多くの場合、結果としては、前のプロセスを少し変えるだけになります。それで結果が良ければそのままで良いのですが、再度同じような悪い結果が起こった場合は、前提としたニーズそのものを根本から見直した方が良い場合が多いのです。）

4-3 学士力モデルと大学モデル

ADDIEモデルは基本的モデルです。このモデルは一般的に知られてい

第4章　インストラクショナルデザインモデルの活用方法

るPDC（Plan, Do, Check）サイクルと同じです。ただし、それを教育の設計のために書いただけです。ですから、インストラクショナルデザインのモデルは、具体的な学習内容や組織などによって大きく変わります。いろいろなモデルがありますが、私の作った二つのモデルを紹介します。

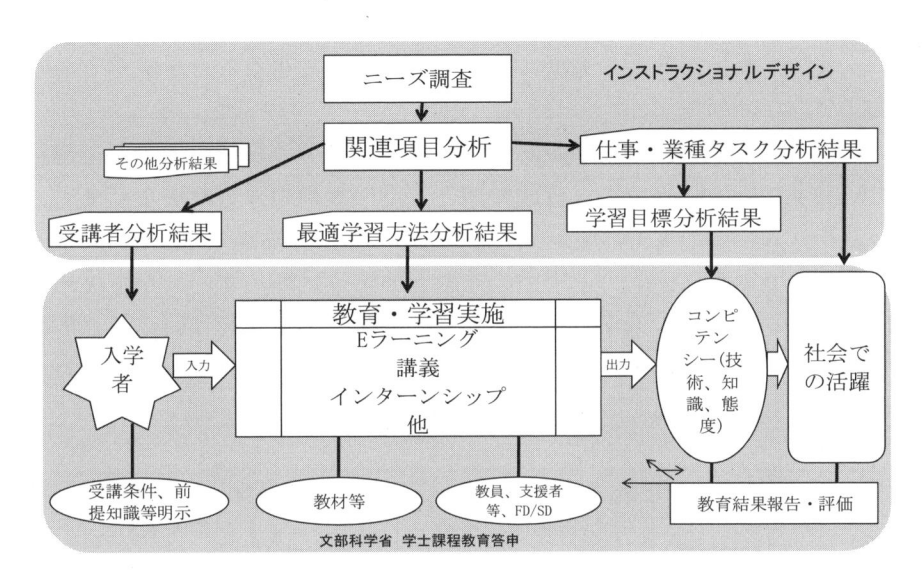

図4-3　学士力モデル（文部科学省 http：//www.mext.go.jp/b_menu/shingi/chukyo/chukyo0/toushin/1217067.htm より、内田作成）

　平成20年度に文部科学省の中央教育審議会が学士課程教育答申を出しております。「学士」とは一般に大学4年の卒業生のことで、「課程」とは、入学してから卒業するまでの大学での学習の道筋、方法です。
　この答申では、大学は社会に人材を提供する組織と考えております。責任を持って人材を社会に提供するには、提供する人材の品質を保証しなければなりません。卒業生が社会で活躍できる人材であることを保証するということであり、卒業生がどのような能力を持っているか大学外部の人から見ても客観的に判断できる基準を出すということです。つまり、社会が大学卒業生に求める能力を分析して、それに必要な知識、技術、態度を明示することが必要だということです。

図 4-3 の中のコンピテンシーとは、ある仕事、職業に必要な具体的な能力という意味で使っています。第3章で説明した KSA のことです。卒業時に獲得できた学習目標項目とは、大学での学習すべてを通して獲得した KSA と大学入学前に獲得していた KSA を合わせたものです。大学は大学入学者、社会、産業界、企業に対してこのコンピテンシーを保証し、大学卒業生が社会の発展に寄与することができることを明示しなければならないのです。

入学には大学独自の基準があり、各大学が自分の責任で入学者を選んでいます。この時点で人材育成機関としての大学の入力が決まります。つまり、入学者の KSA がはっきりするのです。卒業時の KSA が決まっているのですから、入力と出力の差をどのように埋めていくかを決めなければなりません。入学者にどのような学習活動をさせていくと、最終的な卒業時に社会が求める KSA を持つようになれるのかを考えるのです。それが「学士課程」です。

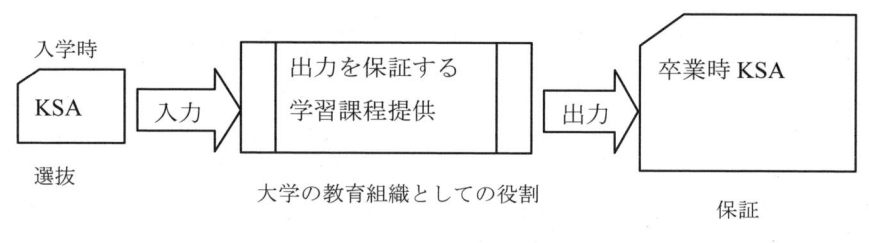

図 4-4　処理装置としての大学

ある基準で入力を選択し、その入力を処理して、付加価値の付いた出力として出していくという処理装置として大学を図示してみたのが図 4-4 です。大学は装置ではない、なんということを言うのだと怒られそうですが、人材提供機関としての大学は、このように書くと役割が明確になるような気がします。（このような考え方はけしからんと思う方は、筆者に直接ご連絡下さい。）

図 4-3 の上部に書いてあるのが、この学士課程教育に活用できるインストラクショナルデザインです。社会での仕事、業種のタスクを分析し、

第4章 インストラクショナルデザインモデルの活用方法

それに必要なコンピテンシーを決定します。また、入学者の特性やKSAを分析する学習者分析もインストラクショナルデザインで実施します。そして、この入力から最適な出力を出す学習方法を設計、構築するのがインストラクショナルデザインとなります。

なお、図4-3の右下あたりにあるFD/SDとはFD（Faculty Development）とSD（Staff Development）のことです。FDは先生も教育のやり方をもっと良くするように学習しましょうということです。SDは先生以外の大学のスタッフの方も図4-3を実現するために学習しましょうということを表しています。現在、筆者の知っている限りでも、大学の先生やスタッフの方でインストラクショナルデザインなどを学習している方が多くおられます。そのような方にお会いすると、図4-3が本当に実現される日がやってくるはずだと感じます。

図4-5は、大学組織としてのインストラクショナルデザインモデルです。大学にはその設立理念やビジョン、方針などがあります。また、学生や社会のニーズもあります。そのような中から、大学として育成する人材のイメージが決まります。この人材イメージとは図4-3でいう卒業時に持つコンピテンシー（KSA：知識、技術、態度）のことであり、具

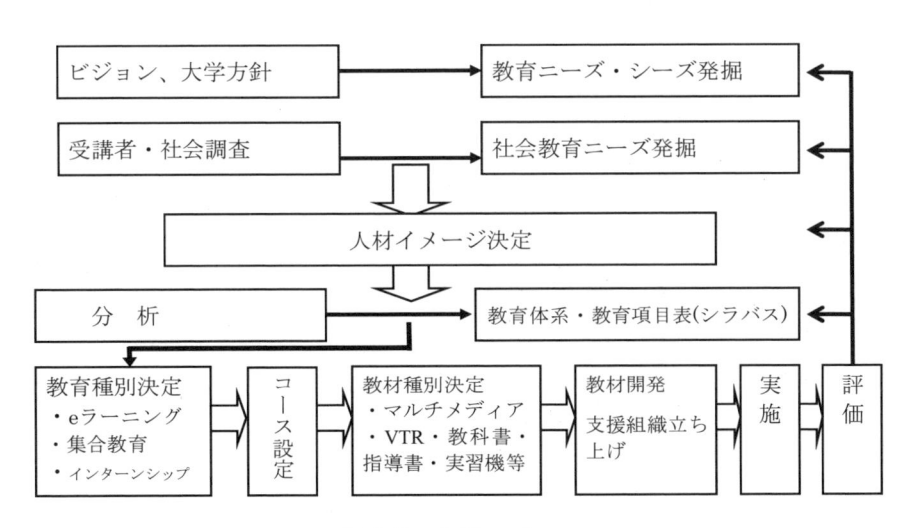

図4-5 大学モデル

体的な知識、技術、態度です。

　これを詳細に分析して、大学組織としての教育体系が作られます。その教育体系の中で各科目のシラバスが書かれ、どのような方法でどのような能力（**KSA**）が得られるかなどが明示されます。後は、それを実現するために計画設計し、開発して実施し、結果を評価します。

4-4　学習者のモデル：学習基盤社会

　今まで見てきたインストラクショナルデザインのモデルはみな教える側のためのモデルです。しかし、このモデルをいくら先生がうまく活用しても、学生の方が対応してくれないと何にもならないのです。たとえば、図4-3のコンピテンシーがいくら明瞭に書いてあっても学生がそれをどのように使っていいかわかっていなかったならば、その効果は半減どころかものすごく低下してしまいます。

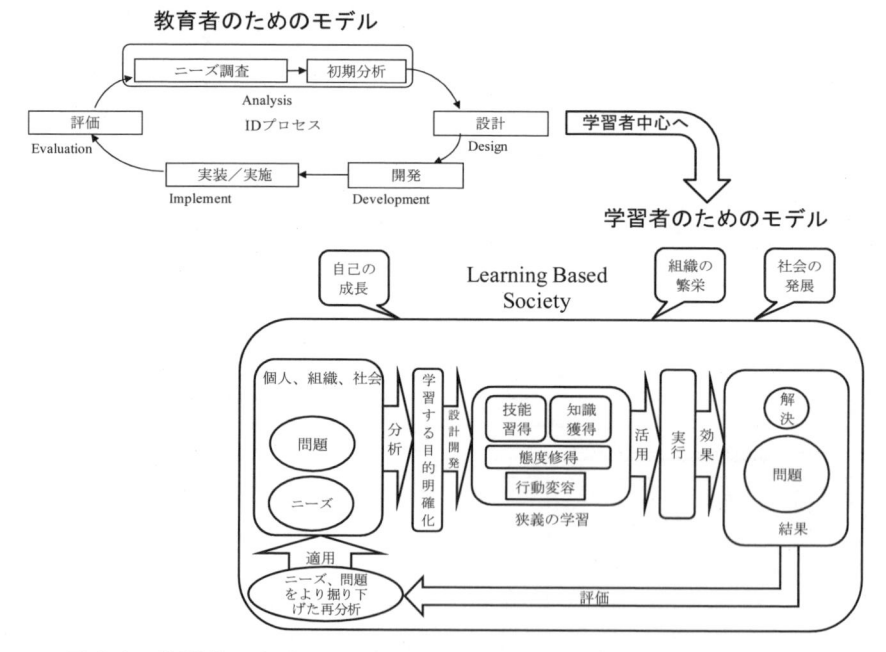

図4-6　学習者の立場からのインストラクショナルデザインモデルへ

第4章 インストラクショナルデザインモデルの活用方法

　学習基盤社会として示した図 4-6 の右下側は、左上側にあるような教育者のためのモデルを学習者としてどのように活用するかを明示するために書いたのです。自分が成長し、組織が繁栄し、その結果、社会が発展するために、学生も先生もインストラクショナルデザインを活用するのです。(もちろん、社会が発展するためには、いろいろな要素があり、これだけで発展するわけではありません。私の言い過ぎではあります。ただし、これは、社会発展のための大きな要因のひとつになると思います。)

■第5章　ニーズ分析：あなたはなぜ学習しなければならないのか

　あなたの学習しなければならないことは何でしょうか。それを明確にするのがニーズ分析です。

5-1　ニーズとは何か、学習におけるニーズとは

> Needs：必要、要求、不足、欠乏、貧窮（まずしくて生活に苦しむ）

　あなたは何のために学習しているのでしょう。深く考えたことがありますか。いくつか考え付くものを書いてみましょう。
- 親や先生に言われたから
- 良い学校にいくため
- 良い企業に就職するため

　このような学習の目的が悪いと言っているわけではありません。素直に親や先生の言うことを聞き、良い学校を出て良い企業に就職するということは、だれも反論できないほど普通なことでしょう。しかし、「良い企業」とはあなたにとってどんな企業でしょう。「良い学校」とはあなたにとってどのような学校でしょう。なぜ、親や先生は勉強しろというのでしょう。あなたは本当に心からこのような学習の目的に納得しているでしょうか。

　学習しなければならない理由は「ニーズ：Needs」と言うことができます。ニーズとは先頭に訳を書いたように「欠乏」していて、それを身に付けることを「要求」されているものです。それがないと生活で苦労するもののことです。

　一人ひとりの人生は異なるので、この「ニーズ」も個人ごとに異なり

表5-1 学習目標

自己レベル（1：まったくできない、2：あまりできない、3：ほぼできる、4：完全にできる）

	学習目標	評価方法	自分のレベル	自分の重点学習項目　○or×（理由付加）
1	自分の「好きなこと」「得意なこと」から、自分のやりたい仕事をあげることができる	自分の「好きなこと」「得意なこと」をあげられて、そこに関係する自分のやりたい仕事、夢などを考え付ければ合格（継続してアップデートが必要）		
2	自分のLife設計を書ける	自分なりのLife設計が記述できれば合格（継続してアップデートが必要）		
3	自分のニーズ調査対象を明確にできる	自分のニーズ調査対象を記述できれば合格		
4	ニーズ分類について説明できる	ニーズ分類の概要を説明できれば合格		
5	自分の学習についてのニーズを分析できる	ひとつでも自分のニーズについて分析できれば合格（継続してアップデートするとともに、新しいニーズを常に検出して分析することが必要）		
6	自分の学習のゴールを短期、中期、長期にわたり設定できる	まずは、短期のゴールが設定できれば合格（たとえば、短期のニーズとしては、卒業時にはどのような能力を持ち、その結果どのような仕事につくかなど）		
				（関連項目として自分が学習したいことがあったら左に記述）

第5章　ニーズ分析：あなたはなぜ学習しなければならないのか　*51*

ます。就職して仕事につかなければ生きていけないというような外部的なことに起因するニーズもあるでしょうし、自分の内部の要因として表2-1 欲求満足度分析表で分析してもらった自分の欲求もあるでしょう。自分の欲求に結び付いた自分の「好きなこと」「得意なこと」などもあるでしょう。そのような外的要因、内的要因を考えれば、自分の人生の先行きを「夢」として具体的に考えることができるようになります。

　具体的に自分の夢が明確になれば、その実現のために必要なこと、ニーズが明確になります。ニーズが明確になっていれば、学習の魅力を自分自身で感じることができるのです。自分が本当に必要だと考えることを学習し、それが身に付いていくことを感じられればうれしくなるでしょう。自分が具体的には必要性を良く理解できていないことに対しては学習する気があまり起きません。たとえば、「良い企業に就職する」というだけでは、それを目標に学習を続けようとしても、学習意欲はそんなに続かないのではないかと思います。

　具体的にニーズを明らかにすることが「学習意欲」「学習の魅力」のもととなるのです。

(1)　表面的なニーズではだめ!!

　ニーズは表面的にわかっているだけではダメです。

　たとえば、「良い大学に入りたい」というニーズはなぜだめなのでしょう。

　まず、なぜ「入りたい」のでしょう。どのように入りたいのでしょう。大学にいかないで働けば、お金も手に入るし、社会についての技術や知識も早く手に入るでしょう。社会で活躍しているその道の専門家のもとで仕事をしながら、その技を盗む方が本当に有効な能力を身に付けられるかもしれません。

　次に、なぜ「大学」なのでしょう。大学は研究と教育を実施するための組織です。通常、学生が大学に入るのは教育を受けるためでしょう。教育を提供する大学とは「入学生」というインプットを「卒業生」というアウトプットに変換するための組織です。「入学生」にいろいろな能力

を付加して「卒業生」に変換して出していくものです。自分が選ぶ大学は自分がなりたい「卒業生」にしてくれるのでしょうか。自分の大学で獲得する新しい能力、つまり、知識と技術と態度は具体的にどのようなものなのでしょうか。それは、卒業後の仕事にどのくらい役立つのでしょうか。このように考えた時、なぜ「大学」に入るのかを分析することが必要でしょう。

　次に、「良い」とは何でしょうか。有名である、偏差値が高い、評判が良いということが「あなたにとって良い」大学となるのでしょうか。あなたにとって本当に必要な能力を本当に使えるようにしてくれる（効果的な）大学ならば「良い」大学と言えるでしょう。しかも時間やコストをそれほどかけず（効率的な）、しかも学習が楽しく感じる（魅力的な）方法でそれを実現してくれれば、それは「本当に良い」大学でしょう。

　「良い大学に入りたい」の例をまとめると次のようになります。
- どのような能力を大学で習得したいのか
- 大学はあなたに合った方法で効果的に、効率的に、そして魅力的に教育してくれるのか
- 大学に入るという方法が、自分が望む能力を得る一番良い方法なのだろうか

これが明確でないと、「良い大学に入りたい」というニーズは表面的なニーズと言われてしまうでしょう。

　「良い企業に就職したい」などの例でも、これと同じように分析してみることが必要でしょう。なぜ「就職したい」のでしょう。フリータではなぜダメなのでしょうか。起業することはできないのでしょうか。学習を続ける道はないのでしょうか。「企業」とは何のための組織でしょうか。あなたはその「企業」でどのような役割を果たせるのでしょうか。また、「企業」とは日本の企業だけでしょうか。海外の「企業」は入らないのでしょうか。「良い」企業とは何でしょうか。給料が多い会社が「良い」のでしょうか。では給料が低い会社はすべて「悪い」のでしょうか。あなたとあなたの暮らす社会にとって「良い」企業とはどのような企業なのでしょう。

(2) 真のニーズを考えよう

　上記のような分析ではまだ足りません。なぜ、大学に入ってそのような能力を獲得したいのでしょうか。何のために学習するのかをもっと深く掘り下げていく必要があります。深く追及すると今まで自分が思っていた自分の将来がはっきりと見えてくるのです。そこまで、掘り下げて考えると、まったく新しい考え方が浮かんだりします。つまり、自分の世界がワープするのです。

　大学を選択したり、就職先を選択したりする時に、自分が何をしたいか、何になりたいかを考えるために以下のようなことを考えてみましょう。

- 自分の、自分の家族などの、自分のまわりの社会の「問題」「ニーズ」は何か
- 自分が一番解決したい、挑戦したいものは何か
- やりたいと思っているが能力不足などでできないことは何か
- 自分の「好き」「嫌い」「得意」「不得意」なものは何か

　社会の問題としては、介護の問題、環境の問題、経済の問題、技術革新（家電製品から、コンピュータ、自動車、化学、原子力など様々）の問題などがいろいろあるでしょう。その中で、自分や自分の家族などに関係が深いものはどれかを考えます。また、自分が挑戦したい問題は何かを考えましょう。なお、挑戦したい項目には、「やりたいと思っているが能力不足でできないこと」も含むでしょう。

　挑戦したい問題に対し、自分の得意なこと、好きなことがどのくらい活用できるのか考えてみましょう。嫌いなことや不得意のことが多いことを選択するとあまりうまくいかないでしょう。しかし、すべてが得意なこと、好きなことだけで構成されるような仕事というものはあり得ません。たとえば、クリエイティブな仕事といっても、その多くの部分は雑用で構成さています。多くの雑用を積み重ねて大きな仕事ができるのです。

　学習は将来（近未来から遠い将来まで）したいこと（大学を選んだり、就職先を選ぶということを考えると、この将来したいこととは普通仕事

となることが多いでしょう。なお、趣味とか楽しみのため、健康のためなどに行うことも「したいこと」としてあげることができます）に必要な能力で、現在は持っていない能力を獲得するための行動です。社会が要求していて、自分が好きで得意なことを将来の仕事として選び、そのために学習するという目標を明確に設定することが大切です。企業に就職したあとでも、その中で仕事をするうえで必要な能力で足らないものを先取りして見つけて学習していくことが必要です。

なお、特に学習とは考えなくても身に付く能力もあります。ある環境の中にいると自然と身に付くような能力を獲得することも「学習」ではありますが、この本の中では、「（今はできないけれど）将来したいこと」という目標を達成するために欠けている能力を意識して獲得することを「学習」として扱います。

つまり、真のニーズは「今後、自分が何をしていくか、何をしていきたいか」「やりたいと思っているができないこと」ということから出てきます。なぜ、そのようなことをしたいのか、実施できるようになると自分は、社会はどうなるのかと考えていくと、自分の真のニーズを考えることができます。

(3) 自分の好きなことは？　得意なことは？

表 5-2 の例を見て、自分の好きなこと、得意なことを考えてみて下さい。小学校などの学校教育では、不得意なところをなくしていく、好き嫌いをなくすという方向の教育がされますが、通常、実社会では、自分の得意なこと、好きなことを伸ばす方がうまくいくことが多いと思われます。

まずは、自分の得意な能力、好きなことを考えて下さい。自分の本当に好きなことや得意なことを学習には関係ないとしてあげるのをやめないで下さい。たとえば、（行き過ぎた）ゲームが好きというのは、親や先生から怒られるでしょうがあげて下さい。遊びを考えるのがうまいという能力も学校の成績には認めてもらえないでしょうが立派な得意なことです。美人、美女、美男であることも、モデルとか役者という職業を考

第5章 ニーズ分析：あなたはなぜ学習しなければならないのか

表5-2 好きなこと、得意なことの例

好きなことの例	得意なことの例
ゲームが好き	数学が得意
漫画が好き	漢字が得意
食べることが好き	野球がうまい
本が好き	文を書くのがうまい
体育、スポーツが好き	PCやインターネットが得意
数学が好き	絵や彫刻などがうまい
国語が好き	社会科が得意
絵が好き	料理が得意
音楽が好き、カラオケが好き	ゴルフがうまい
Hなことが好き	歌がうまい
	遊びを考えるのがうまい
	人を笑わせるのがうまい
	人を教えるのが得意
	美人、美女、美男である

えると得意なことに入るでしょう。（化粧がうまいから美人ということもあるかもしれませんが、その場合はスタイリストなどの仕事にも結び付きます。）

Hなことが好きなどということも、通常、人の前では言わないでしょう。しかし、Hが好きということは、人間、人間関係が好きということだと言われています。このような人は人間の世話をする仕事、たとえば、お医者さんや看護師さん、介護福祉士さんなどに向いているとも言われています。本当の自分の好きなこと、得意なことをあげて表5-3、表5-4に記述して下さい。

自分の好きなことを、まわりの嘲笑や反対にかかわらず長年追及し、ノーベル賞をとったというような話も聞きます。自分が何を好きで、何が得意かはっきりさせましょう。

(4)「好なこと」「得意なこと」を分析してみることが大事

好きなこと、得意なことを分析してみましょう。表5-3、表5-4の右側の分析項目について分析してみて下さい。なお、表の欄が足らない分は

第5章 ニーズ分析:あなたはなぜ学習しなければならないのか

表5-3 自分の好きなこと分析表

好きなこと	分析項目				
	好きなのは今だけか、一生続くか	特に好きな部分はどこなのか	他の人よりも好きなのか	どんな仕事に生かせるか	将来の仕事に生かしたい優先順位
例:本を読むのが好き	小学校2年のころから、本が好きで、死ぬまで続く	漫画と小説が特に好きである	漫画は月20-30冊、小説は月10-20冊は読む。小説の読書量は友達と比べればトップクラスである	・小説家 ・ストーリを考えるという能力はシステム開発などにも利用可能なので情報処理関連の仕事に就く	1
例:走るのが好き	中学の時、1500mが4分30秒で走れた。それから特に好きになった。一生続けていきたい	里山を走る(トレイルランという)のレースが特に好き	100km/月しか走っていないので友達のランナーと比べると非常に少ない	外での活動が好きなので、建築、土木などの仕事に興味がある	5

第 5 章　ニーズ分析：あなたはなぜ学習しなければならないのか　　57

別途自分で表を作って記述して下さい。
　なお、表 5-3 の中に、好きなことの簡単な例を書いておきました。書く時には想像力、イマジネーションを最大限に働かして、自分の夢を紡いで見ましょう。
　好きなことの中には、今は好きだが大人になれば（たぶん）好きではなくなると思うものもあるでしょう。好きなことといっても、全部が好きとは限りません。一部分は嫌いかもしれません。また、他の人よりも好きなのかどうかも考えます。他の人も同じくらい好きということであれば、差別化はできず、仕事として選んだ場合、「好きなこと」だということで抜きん出ることができるとはいえません。どんな仕事に自分の「好きなこと」を役立てることができるかも考えます。
　そして、結論として、どの自分の「好きなこと（の一部）」を将来の仕事に生かしていくか優先順位を付けます。

　得意なことについても表 5-4 の中に簡単な例を書いておきました。歌は下手だし、字は汚いしなどと否定的に考えてはいけません。自分の良いところを見つけるということは重要なことです。ただし、それに自己満足して酔いしれてしまってはいけません。冷静にクリティカルに自分の得意なことを分析しましょう。
　得意なことだからと言ってそれがそのまま仕事になることは少ないでしょう。なるとしても仕事の一部に関係するということが多いでしょう。
　「得意なこと」の分析も「好きなこと」の分析と同じような観点で分析してみて下さい。どれを自分の仕事の一部にしたいかを明確にしましょう。
　表 5-3、表 5-4 で出てきた「仕事」について、表 5-5 で分析してみましょう。また、表 5-3、表 5-4 には出てこなかったが、興味がある、やってみたい仕事があったら、それも、表 5-5 に記述して分析してみて見ましょう。
　自分の仕事に誇りが持てない仕事よりも誇りが持てる方を選択することが必要です。ただし、生きていくためにはいやな仕事でも実施しなけ

第5章 ニーズ分析：あなたはなぜ学習しなければならないのか

表5-4 自分の得意なこと分析表

得意なこと	分析項目					
	その能力は一生使えるか、今だけか	特にどこの部分が得意か	他の人よりも得意か	これからも能力を伸ばしていけるか	どんな仕事に生かせるか	将来の仕事に生かしたい優先順位
例：人を笑わせるのがうまい	一生使える	落ち込んでいる友人などを明るくさせる	友達に比べれば高いが、（今は）コメディアンになれるほどではない	人生を生きていくには、この能力をより高めたい	・サービス業（飲食店など）の経営 ・介護福祉士や医者、看護師	3
例：PC、WEBなどが得意	現在の知識は後10年くらいは何とか使える。日夜の学習が必須	eラーニングのコンテンツを先生に頼まれて作成した	専門のイラストソフト、描画ソフト、アニメーションソフトの扱いは友達の中では一番である	ニーズ分析からシナリオ作成を含めて、これから学習していく	・eラーニングコンテンツ企画者、製作者 ・インストラクショナルデザイナ	1

第 5 章　ニーズ分析：あなたはなぜ学習しなければならないのか

ればならないことは多くあります。その仕事だけで食べていければ良いですが、いくつかの仕事を同時にしてはじめて生きていける時もあるでしょう。プロ野球選手になりたいといっても、毎年採用される人数は限られています。人数が少なければその仕事につける可能性は小さくなります。現在は仕事として存在するが、将来は仕事として存在しないようなものもあります。自分が選ぶ仕事が将来も存在するかどうかは考えておく必要があります。また、自分の選ぶ仕事が自分に合っていることが必要です。そして、自分にその仕事ができると考えられることが必要です。

　最初から自分にはできないとあきらめるのは良くありません。しかし、絶対できないこともあります。その見極めが必要です。これらの項目を検討して、総合的にどの仕事を選択したら良いか優先順位をつけて下さい。

表 5-5　仕事の分析

仕事名	分析項目					選択優先順位
	自分に誇りが持てる仕事か	食べていける収入に結び付くか	何人くらいの人がその仕事に就けるか	その仕事は今後何年くらい存在するか	自分に合っていて、自分が実施可能か	

以上のような分析をしてもらいましたが、好きなこと、得意なことを自分の仕事にできるとは限りません。できない方が多いでしょう。

また、好きなことを仕事にしても、仕事の大変さ、辛さは変わりません。好きだから、得意だからと言って仕事で楽などはできません。自分の納得できる結果を目指せば、大変な、大変な努力が必要なのです。

ただし、好きなことを仕事とすれば、満足感や充足感が多く得られるでしょう。得意なことを仕事に選べば、効率的に仕事ができて、より良い成果を得られることが多いのではないかと思われます。

好きなこと、得意なことを仕事にできれば幸せなことが多いでしょうが、そうでなくても、仕事をしていくうちに得意なことになっていき、好きなことになっていくことも多いでしょう。ここで好きなこと、得意なことを分析してもらったのは、あくまで真のニーズを考える上でのひとつの情報として活用するためです。

また、好きなこと、得意なことから出た仕事と、自分が興味を持っていた仕事、やりたいと思っていた仕事が異なる場合、両方について分析をして下さい。自分のやりたい仕事が正しい選択かどうかの判断のひとつとして活用できると思います。

(5) 人は何のために生きるのか

お金がたくさんあり、仕事をしなくても食っていけるとしたらあなたは何をして一生を過ごしますか。たぶん、何らかの仕事を選ぶでしょう。何にもしないでいるというのは辛いのです。

そもそも、自分は何のために生まれてきたのでしょう。何のために生きているのでしょう。

人は、生まれて、そして、必ず死んでいきます。つまり、無から生まれて、無に帰るのです。

何のために生きるか、何のために仕事をするかを一度は真剣に考えておく必要があります。

（6） 自分の Life 計画は？

表 5-6　Life 計画例

「　自分の名前　」の Life 計画

西暦	年齢	状態	出来事	目標、学習項目	実施項目
	0		誕生		
	6	小学生	小学校入学		
	12	中学生	中学入学	将来を考える	社会を知り、いろいろな仕事を知る
	15	高校生	高校入学	何になりたいか決める	自分を分析する
				どんな能力を身に付ければよいか決める	必要な能力とそれを育成できる大学、または、他の方法を探す
	18	大学生	大学入学		
	19			グローバル化対応	留学
	20				
	21				就職先の選定、海外の企業がねらい目
	22	会社員	就職		
	28		結婚		
					独立準備と必要な学習を実施
	30		子供誕生		
	35	経営者	会社設立	設立場所はインド	
	40				
	50				
					家族と一緒に引退後の人生を設計
	60				
			引退	社会貢献と人生の楽しみ	ボランティア、本の執筆
	70				
	80				
	90		余生	孫、ひ孫と遊ぶ	
	100		大往生		

第5章 ニーズ分析：あなたはなぜ学習しなければならないのか

何のために生まれてきたのか、生きるのかということを考えていると、自分の一生はどうなるのだろうということが思い浮かぶと思います。そこで、自分のLife計画を立ててみましょう。計画書の例を表5-6に示します。

計画書には以下のことを書きましょう。

〈過去〉
　生まれてから、今までの出来事、学習したこと。成功したことや反省も書いておくと良い。

〈現在〉
　現在自分は何をしているか
　何をしなければならないか

〈未来〉
　起こしたいこと、起こりそうなことを選択していく
　理想的な順番に起きてほしいこと、起こしたいことを並べてみる
　どうすれば、そのような理想的なLifeが実現できるか
　実現するためには、自分はいつまでにどのような能力をどのレベルで持てば良いかを記述すると良い

自分のLife計画を表5-7に書いて見ましょう。

実際は、Life計画書を表計算ソフトで作っておくと、月日が経つごとに実際の出来事や新しい計画などを追加できて便利です。

一度に完全なものが書けなくてあたりまえです。ほんのちょっとしか書けないかもしれませんが、少しずつ書き足し、修正していけば良いのです。書けたLife計画は自分の一生の道しるべとすることができるでしょう。そして、生きていく中で、このLife計画に生きた足跡を記述し、新しい目標、実施計画を記述していくと良いでしょう。

なお、表のトップにある「目標、学習項目」「実施項目」などの項目はあくまでも例です。実際に書いてみると、他にもいろいろ書きたい項目が出てくるでしょう。その時は、表を作り変えて、書きたい項目をどしどしと追加して下さい。

第 5 章 ニーズ分析：あなたはなぜ学習しなければならないのか

表 5-7　私の Life 計画

私「　　」の Life 計画

西暦	年齢	状態	出来事	目標、学習項目	実施項目
	0		誕生		
	6	小学生	小学校入学		
	12	中学生	中学入学		
	15	高校生	高校入学		
	18				
	19				
	20				
	21				
	22				
	28				
	30				
	35				
	40				
	50				
	60				
	70				
	80				
	90				
	100		大往生		

5-2 ニーズ調査の対象

　表 5-5 仕事の分析で、自分に関係ありそうな仕事が出てきて、表 5-7 私の Life 計画で、自分の人生設計が書けたら終了ではありません。
　そのような仕事や Life 計画をあなたのまわりの人は、また、社会は求めているのでしょうか。社会やあなたのまわりの人が全く求めていないような仕事や計画は、よほど意志が強くても、通常うまくいかないでしょう。あなた自身のニーズを深く考えるために、社会全体を眺めてみましょう。
　あなたが高校生や大学生、専門学校生などなら現在学んでいる学校、またはこれから入学したい学校について表 5-8 に記述してみて下さい。また、あなたが就職したい会社がある、または現在勤めているならば、該当する会社について表 5-9 に分析結果を書いてみて下さい。各分析のポイントを読んで、自分で調査分析し、その分析結果が示すものが自分に合っているかどうか、自分に合わせて変更できるかなどを判断して下さい。

第 5 章　ニーズ分析：あなたはなぜ学習しなければならないのか　　**65**

表 5-8　あなたが高校生、大学生などの場合のニーズ調査対象

NO	分類	対象者	分析のポイント	分析結果
1	教育機関	高校、大学経営者（学長など）	高校、大学の経営という観点で、教育戦略を決定し、教育を提供している。教育方針はどうなっており、どのような方法で教育を提供しているか。どのような学生を育てたいと思っているか。	
2		教員	どのような能力（知識、技術、態度）を持つ学生をどのように育成しようとしているか。また評価方法はどうなっているか。教員として送り出す卒業生の人材イメージはどのようになっているか。あなたに何を期待しているか。	
3		教員支援者（事務方）	先生方の支援と生徒の支援をしてくれる。あなたに、どのような期待を持っているか。	
4	公的機関	文部科学省など	教育の法制の維持、改善、日本の教育戦略や教育計画の立案。各国との教育についての協議、協力の実施。あなたにどのような人間になってもらいたいと思っているか。あなたの Life 計画をどのように考えるか。どのような支援をしてくれるか。	

NO	分類	対象者	分析のポイント	分析結果
5		地域行政、教育委員会など	地域として、あなたに何を期待しているか。どのような支援をしてくれるか。	
6	受講者	自分の親など（兄弟、親類を含めても良い）	親として、または、教育費のスポンサーとして、何をあなたに期待しているか。あなたがどうなったら喜んでくれるか。	
7		受講者(自分)	自分自身が何を学習したいのか、どんな仕事をしたいのか。自分の好きなこと、得意なことなどから、自分の就きたい仕事を考え、そのために何を学習すべきかを調べる。学習方法と学習できたかどうかのように評価するかも考える。	
8	社会	企業	自分が就きたい仕事に関連する企業の仕事の内容が自分のやりたい仕事とどのくらい関連性があるか。経営方針が自分のLife 設計に合致しているか。会社があなたに求める能力（知識、技術、態度）は何かを明確にする。	
9		地域、日本、世界	自分の住んでいる地域、日本という社会、世界がどのようなことを望んでいるのか、それが自分の選ぶ仕事や人生設計にどのように関係するか。	
10		その他関係者		

表 5-9　あなたが就職したい場合、就職済の場合のニーズ調査対象

NO	分類	対象者	分析のポイント	分析結果
1	企業	経営者	ビジョン、使命を決定し、それに必要な経営戦略を立てる。そして必要な組織を構成するために企業内教育戦略を立て、企業のビジョンの実現、利益の確保などを行う。経営者は、現在は、また、将来は、あなたに何を望むか。会社の方針とあなたのLife計画はどのように相互に利益が得られるか。会社において、あなたのLife計画は実現可能か。	
2		上長	部長、課長、係長などのあなたの上長はあなたがどのようなことをすることを期待しているか。また、どのような能力を期待しているか。あなたのしたい仕事はそれに合っているか。あなたのLife計画は上長に受け入れられるか。あなたの仕事をどのように評価するか。	
3		同僚	同僚はあなたが何をすることを期待しているか。どのような能力をあなたに期待しているか。	

NO	分類	対象者	分析のポイント	分析結果
4		専門家	企業の内外にはその道のプロがいる。あなたの仕事に関する専門家はどのような能力を持っているか。あなたの能力との違いは何か。どのようにすればあなたは専門家になれるか。	
5	教育機関	教育提供組織上長	企業の中の教育提供組織（人事部教育係など）として、教育方針、教育戦略を決定する。通常、期ごとの教育計画、長期教育計画、教育設備／教育人員計画について決定する。この機関から、あなたは、どのような教育が受けられるか。(企業内大学：Corporate University などを持っているようなところもある) あなたの Life 計画と企業の育成方針の合致する部分と異なる部分を明確にする。	
6		インストラクタ	あなたを教えてくれる人は、どのような方法で何を教えてくれるか。評価方法はどのようになっているか。	
7		受講者(自身)	あなた自身の現在のモチベーション、技術レベル、好きな学習方法などを明確にする。今後、自分は何をすべきであり、そのために何を学習していかなければならないかを明確にする。	

第5章 ニーズ分析：あなたはなぜ学習しなければならないのか

NO	分類	対象者	分析のポイント	分析結果
8	市場	エンドユーザ	あなたの所属する企業の取引相手、お客様は、あなたにどのようなことをしてもらうことを期待しているか。どのようにあなたを評価するか。あなたは、それに応えられる能力があるか。不足の能力をどのように学習するか。	
9		その他関係者		

　なお、どうしてもわからない項目は、そのまま残しておいて下さい。入学、入社しなければわからないことも多いと思います。わかった時に追記してもらえれば OK です。

　表5-8、表5-9から、あなたの学習ニーズが明確になってくると思います。この後の節から、そのあなたのニーズを詳しく見ていきましょう。

5-3　ニーズ分類

　ニーズは表5-10のように分類することができます。この分類は Briggs が設定したものです。他にも分類方法はありますが、学者でなくてもわかりやすい分類なので、これを使用しましょう。なお、表の中の「内容」項目は筆者が作成したものです。

　あなたのニーズはどれにあたるでしょう。

表 5-10 Briggs (1977)：ニーズ分類

種類	内容
標準比較ニーズ	標準と比較して、現状は低い状況なので高くする必要がある。 （例）銀行に就職する人は、入社前に通常 FP：Financial Planer の資格程度の能力を持っているようだが自分は銀行に入りたいのに持っていない。（例）製品の製造時間の業界平均では 1 時間なのに、2 時間かかっている。
感覚ニーズ	感じていること（具体的なデータ、数値などはない） （例）生徒の受講態度が悪く、このままでは就職にも悪影響があると先生が感じている。（例）自分は、対人関係を含むコミュニケーション能力が足らないと感じている。
需給関係ニーズ	需要と供給の関係にあるもの （例）現在の日本の社会にはインストラクショナルデザイナはほとんどおらず、強い需要がある。（例）入札にはある資格を持った人が複数人必要だが、わが社には 1 人しかいないので新しい人が必要である。
比較ニーズ	他と比較した時に劣っているものがある（標準があるわけではなく、他の何かと相対的に比較） （例）A さんに比べ、自分は C 言語プログラミング能力が劣っている。（例）A 大学の司法試験合格率は 75% であるが、わが校は 45% である。教育改革が必要である。
将来ニーズ	予測されるニーズ （例）10 年後には海外で会社を設立したい。そのためには、多国語を話せ、海外の状況に通じる必要がある。

（インストラクショナルデザイン入門、リー＆オーエンズ、p.11、東京電機大学出版局（2003）より）

5-4 ニーズ分析方法

今までの分析で出てきたあなたのニーズを表 5-11 に書いてみましょう。そして、それを分析してみましょう。例が二つ書いてあるので参考にして下さい。

記入する項目内容は以下のようになります。

〈ニーズ〉
　具体的なニーズ名、ニーズの内容を書きましょう。
〈提起者〉
　表5-8、表5-9で調査した時にそのニーズがあると言った人の名前です。実際の先生の名前などをそのまま記述しておくのが良いでしょう。
〈ニーズ分類〉
　表5-10に示すニーズ分類を記述して下さい。
〈何をすべきか〉
　ニーズを満たすには何をすれば良いかを記述して下さい。学習以外の解決策、たとえば、パソコンを買うなどということで解決できるようなこともあります。
〈何を知るべきか〉
　ニーズを解決するためには、調査したり研究したりして、不明であったことを明確にすることが必要になることがあります。それを明確にします。
〈解決策の価値は何か〉
　ニーズが満たされた時、どのようなことが起こるかを明確にします。ニーズが満たされない場合のマイナス効果なども必要時は書いて下さい。ニーズを満たせた時にどんなうれしいこと、良いことがあるかということです。たとえば、収入が増えるなどというのもひとつの価値です。お客さんが喜んでくれるというのもひとつの価値でしょう。いろいろな価値がありますので、考えられるすべてをあげてみて下さい。
〈解決策の評価はどうするか〉
　どのようになったらニーズが満たせたと判断するか明確にします。
〈優先順位〉
　すべてのニーズを同時に解決できるわけではありません。優先順位をつけて下さい。
　あなたは、いくつかのニーズに優先順位をつけてそれを解決することを決心できたと思います。なお、選択した中には学習で解決するのでは

第5章 ニーズ分析：あなたはなぜ学習しなければならないのか

表5-11　あなたのニーズ分析表

	ニーズ	提起者	ニーズ分類	ニーズの源は何か	何をすべきか	何を知るべきか	解決策の価値は何か	解決結果の評価はどうするか	優先順位
	（例）インストラクショナルデザイナになりたい	自分	需給関係	教育を計画したり、教材を開発したりするのが好き。アジアの国々には強い需要がある	インストラクショナルデザインの大学に入学する	どこの国にどのような大学があるか。どんな学習をするべきか	・学習を継続する社会、Learning Based Society を実現できる ・社会に貢献し、高収入も保証される	・インストラクショナルデザインの仕事に就く ・効果的、効率的、魅力的な教育を企画提供できたかどうか判定する	1
	（例）英語の学習	自分、先生	将来	海外で会社を設立するには必須	英語専門学校に通う。留学する	自分に合った英語の効果的、効率的な学習方法	海外にて仕事ができる。会社の運営ができる。	ビジネスを英語を使って仕事を遂行できるかどうかで判定する	2
1									
2									
3									
4									
5									
6									

なく、他の方法で解決するものもあるでしょう。その項目については、別途自分で追及していって下さい。ここでは、学習に関する項目を考えていきます。

そのニーズの中の学習に関係するものを解決できた時、あなたは何が達成できているのでしょう。学習終了時の状態を短い文章で「学習ゴール」として記述しましょう。

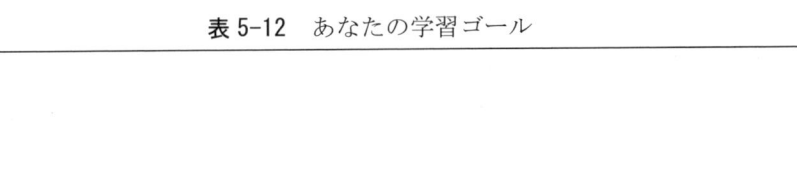

表5-12 あなたの学習ゴール

ゴールが達成できたということは、あなたは新しい能力（知識、技術、態度）を身に付けたことになります。その能力が社会ではどのように扱われているかを分析しましょう。表5-13に記述してみて下さい。

以上で、あなたの得意なこと、好きなことなどから、自分がどのような生涯を送り、その中でどのような仕事をしていき、その仕事ができるようになるためにどのような学習をしなければならないかが明確になりました。そして、あなたの学習ゴールが決まり、そのゴールの評価もできたわけです。

もし、評価結果に満足できない場合は、順番にもとに戻って修正してみて下さい。まず、ゴールを見直し再評価をする、それでも不満足なら仕事の選択を見直す、それでもだめならLife設計を見直す、それでも不満足なら好きなこと、得意なこと、何のために生きるのかなどを見直して修正してみて下さい。自分が好きだと思っていたことが、本当は好きではなかったというようなこともそのような見直しで見つかることもあります。

一応満足（完全な満足は得られないことの方が多いでしょう）ができ

表 5-13 あなたの学習ゴール評価

評価項目	説明	あなたのゴールは
組織評価	習得した能力が会社などでどのように評価されるか	
継続性	何年くらい使える能力か	
インセンティブ	能力があることによって得られる収入、利益、特権	
企業風土	その能力は企業風土に合うものか、合わないものか	
意思決定と承認レベル	その能力は意思決定や承認とどのような関係があるか	
職務遂行評価	実際に獲得した能力を活用する状況はどうなっているか	
労働環境	能力を活用する労働環境	
ツール	実際に使用するツールはどのようなものか。学習に使用するものと同じか	
作業工程と手順	学習した能力活用の工程、手順と実際の相違点はあるか	
質、量のどちらに重点	能力活用結果は質と量のどちらに重点が置かれるか	
コンピテンシー評価	仕事を実施するための必要な能力をコンピテンシーという。	
知識(K:Knowledge)		
スキル(S:Skill)	3つのうちのどれに重点が置かれるのか。重点を置かれる具体的な項目を記述	
態度(A:Atitude)		

る評価が得られたら、具体的にそれをどのように学習していけば良いか次のステップで考えていきます。

　なお、この学習ゴールは常に見直し、修正していく必要があります。また、ゴールにたどり着いたからといって終わりではありません。次のゴールを同じような方法で分析して設定し、次の高みを目指さなければならないのです。(それが、生きるということだと思います。)

■第6章　学習者分析：あなたはどんな学習者？

　自分はどのような学習者なのでしょう。自分を学習者として分析してみましょう。

表6-1　学習目標

自己レベル（1：まったくできない、2：あまりできない、3：ほぼできる、4：完全にできる）

	学習目標	評価方法	自分のレベル	自分の重点学習項目　○or×（理由付加）
1	学習の心理学的要因の概要を自分なりに説明できる	自分なりに説明できれば合格		
2	学習者としての自分を細かく分析できる	「表6-3 学習者としての自己を分析」に記入できれば合格		
				（関連項目として自分が学習したいことがあったら左に記述）

6-1　学習の心理学的要因

　次は、学習をもう少し学術的に見ていきましょう。少し難しい言葉が出てきますが、学術用語そのものを覚える必要はありません。（インストラクショナルデザインなどを学術的に学習したい人は別です。）

表 6-2 学習の心理学的要因

領域	因子	内容
認知・メタ認知	学習プロセスの特性	経験と学習項目を意図的に組み立てて学習すると、複雑な学習目標でも効果的に学習できる
	学習プロセスの目的	適切なガイドに従い、適切な手順と時間をかけて学習すれば、学習効果があがる。学習プロセスはそのように設計されなければならない。
	知識の構築	既存の知識と新しい学習項目である知識を結び付け、構造化(Schema)することが必要である。
	戦略的な思考	学習目標を達成するために必要な考え方、推論の仕方などを作り出し、活用することが必要である。
	考えることを考える	自己の学習過程などを振り返ったり、モニタリングしたり、先生の教え方や同級生の学習の仕方などを観察し、良い方法を積極的に取り入れる。
	学習の文脈	学習は、社会文化環境や学習環境の影響を受ける。
動機付けと情意の因子	動機付け、感情の学習への影響	感情などから動機付けは決まり、動機付けが強ければ学習を継続し、その結果、ゴールに至ることができる
	内発的な学習意欲	褒美がもらえるからなどという外的学習意欲要因と、内的な学習意欲、学習ゴール達成意欲が強いということが学習効果に影響する。
	動機付けと学習努力継続の関係	長時間の学習が必要であるとか、非常に厳しい肉体的訓練を行う必要があるというような場合、動機付けが強くなければ学習は継続しない。努力は動機付けがなければなされない。
発達的・社会的因子	発達段階と学習の関係	同じ英語を教えるにしても、幼稚園児を教える場合と社会人を教える場合では、異なる学習活動を設計する必要がある。学習者の発達段階に合致した学習活動が必要なのである。
	社会的影響	社会と学習内容、学習活動などの関係で学習が進んだり、遅れたりする。
個人の差異の因子	学習における個人差	遺伝的な違い、経験の違いなどを考慮して学習できるように設計しないと、学習効果や効率が低下する。
	多様性	学習者の社会的背景、言語、文化などを考慮した学習の設計が必要である。
	基準と測定	学習の達成感の感じられるような達成はできるがそう簡単にはできないという達成基準を提供し、評価を正しくすることは、学習にとって必須の条件である。

(インストラクショナルデザインの原理、ガニエ他、p.122、北大路書房(2007)をもとに内田が作成)

第6章　学習者分析：あなたはどんな学習者？

表 6-2 は、「インストラクショナルデザインの原理、ガニエ他著、鈴木克明他監訳、北大路書房」の p.122 学習者中心の心理学的な因子と原則（APA, 1997-）を読んで筆者が少しだけ学術的ではない書き方に直したものです。図 1-1 学習モデルと合わせて読んでもらうと良いでしょう。（なお、このような学術的なことには興味のない方は読み飛ばしても結構です。）

簡単に表 6-2 の内容を説明しておきましょう。なお、一般的な言葉を使うので学術的には少し問題がある説明があるかもしれません。必要な方は原本を読んで下さい。

① 認知、メタ認知

物事を習得する（認知）ためには、「学習プロセスの目的」が明確になっていないといけません。そして、そのプロセスは学習者と内容に合わせて効果的に設計されていなければなりません。

知識を構築するには、それ以前に習得していた知識と組み合わせなければなりません。単独で覚えていては使えません。

学習を行うには、どのように学習したら良いか戦略を考えて学習しなければならないし、学習の方法そのものを見直して良いものにしていかなければなりません。

良い学習方法や学習戦略を考え出しても、社会や学習の環境がそれに合っていなかったら、実現不可能になってしまいます。たとえば、自分に合った良い先生に教わろうと考えたとしても、良い先生に巡り合えなければ実現できません。

② 動機付けと情意の因子

図 1-2 学習モデルの中の感情や欲求や価値観などから動機付けはされていきます。

学習しようという意欲がなければ学習は続きません。特に努力が必要な学習では意欲がなければ学習はされません。好奇心が強いなどの性格は自分自身が持っている内的な動機付けとなります。学習したら褒美がもらえる（給料が増えるなど）場合、一般的にはそれが動機付けになりますが、給料を増やしたいという欲求がない人には動機付けにはあまり

なりません。外的な動機付けも内的な動機付けに結び付いてはじめて効果があります。

③ 発達的・社会的因子

生まれて、小中高と進み、大学生になり、就職し、管理職になり、定年で退職し、余生を楽しむという自分の肉体的、精神的発達を考えると、学習方法も学習対象も変わってきます。自分の一生は社会の中で営まれ、学習もその中でされます。コミュニケーションなどを通して相互に影響しあいながら学習は進みます。

④ 個人の差異の因子

スポーツの指導などでは、体重、身長、筋肉量の違いなどの身体的相違点を考慮した指導を受けないと、ケガのもとになります。

各個人は、それまでに学習してきたことや経験などが異なります。それらに合わせた教育を受ける、自分で学習するということが必要です。

また、学習する目標は低すぎては学習意欲が出てきません。達成は可能だが高い目標を設定して、目標がクリアできたことを正しく評価することが大切です。「ヤッター」と喜ぶことができることができないといけないのです。

6-2 あなたはどのような学習者ですか？

あなたがどのような学習者なのかを分析してみましょう。表 6-3 に現在のあなたと、将来なりたいあなたを書いてみて下さい。

なお、将来なりたいあなたについては年齢欄に、そのような自分になれる目標の年齢を書いて下さい。

記述する時は、図 1-1 学習モデルや表 6-2 を参考にして下さい。

第6章　学習者分析：あなたはどんな学習者？

表6-3　学習者としての自己を分析

種別	項目	分析点	現在のあなた	将来なりたいあなた
一般情報	年齢、性別			
	特徴、性格	自分の特徴、性格など		
	使用可能言語	自分の使用できる言語とレベル（日本語はネイティブ、英語はTOEIC700点で読むのは得意など）		
	生い立ち、育った環境、社会	どんな状況で生まれたか、育った環境や社会はどのような特徴を持つか。それは自分にどのように影響したか。		
	家庭の状況、親の仕事、兄弟姉妹	家庭はどのような状況か、親の仕事は何か、兄弟姉妹の状況はどうなっているか。これらが自分に与えた影響は何か。		
特性	自分の能力	自分の生理的発達状況（体力など）、認知的発達状況（自分の社会性とか知識などがどのようなレベルにあるかなど）		

種別	項目	分析点	現在のあなた	将来なりたいあなた
	学習対象に対する前提条件	自分が学習しようとしていることに対して、必要な前提知識はあるか、必要な経験をしているかなど		
	価値観	学習、仕事にどのような価値があると思うか。自分は何のために生きていくのかなど		
	配慮	自分が学習するうえで配慮しなければならないことがあれば書く。たとえば、病気療養中などであれば学習する時に病気に対する配慮がいる。		
学習内容に対する態度	自己レベル	学習しようとすることをどこまで知っているか。自分のレベルはどのあたりか。たとえば、TOEIC 300 点など。		
		学習内容に関連する従来までの経験		
		自分が、間違いやすい点、間違えたことを覚えている点		
	態度	学習しようとすることをどのように思っているか。好きなのか、嫌いなのか。悪い癖があったりしないか。		

第6章　学習者分析：あなたはどんな学習者？

種別	項目	分析点	現在のあなた	将来なりたいあなた
		自分の好きな学習方法は何か。本を読んで学習するのが好きであるとか、eラーニングで一人で学習するのが好きであるとか、みんなで集まって教えあうのが好きであるとか、本当の仕事として現実に実施する中で学習するのが好きであるとか、テスト問題を解いて学習するのが好きなど。先生の授業を聞いて学習するのが好き、先生の授業のビデオを見て学習するのが好きなどというのもあるかも知れない。		
	言語能力	学習しようとすることに対する専門用語をどのくらい知っているか、論理的な説明から学習するのが得意か、具体例を聞いて学習するのが得意かなど。		
		自分の好きな学習で使う言葉の調子。たとえば、会話調、学問的、友達的など。		

以上で、あなたがどのような学習者であるか分析ができました。

■第7章　タスク分析と知識、技術、態度

あなたが学習したい仕事について分析してみましょう。

表 7-1　学習目標

自己レベル（1：まったくできない、2：あまりできない、3：ほぼできる、4：完全にできる）

	学習目標	評価方法	自分のレベル	自分の重点学習項目　○ or ×（理由付加）
1	タスク分析の目的、方法を説明できる	「表7-6 私「　」のしたい仕事のタスク分析」のタスクを記述できれば合格		
2	タスクに必要なKSA（知識、技術、態度）を記述できる	「表7-6 私「　」のしたい仕事のタスク分析」のKSAを記述できれば合格		
3	重要なタスク、他と差別化したいタスクを決定できる	「表7-6 私「　」のしたい仕事のタスク分析」の重点項目分析に記述ができれば合格		
				（関連項目として自分が学習したいことがあったら左に記述）

7-1　タスク分析って何だ？　職務、職責、タスクについて

　タスク分析とは自分の就きたい仕事の具体的な実施方法を分析することです。自分が就職した時に、どのような仕事をどのような手順で実施するのかを明らかにします。まだ就職もしていないのにその仕事のやり方がわかるはずがないという意見も、そのとおりとうなずけるところはありますが、就職してから仕事の仕方を教えてもらおうという受け身の態度では就職もできないでしょう。確かに仕事の詳細や就職した会社独自のやり方は就職前にはあまりわからないでしょう。しかし、基本的な仕事の実施方法は就職する前でも自分で調べることができます。そして、タスク分析の結果から、その仕事を実施するために必要な能力はどのようなものかを分析して、自分が習得しなければならない能力を明確にするという次のステップである学習目標分析につなげるのです。

　仕事は職務、職責、タスクに分けることができます。

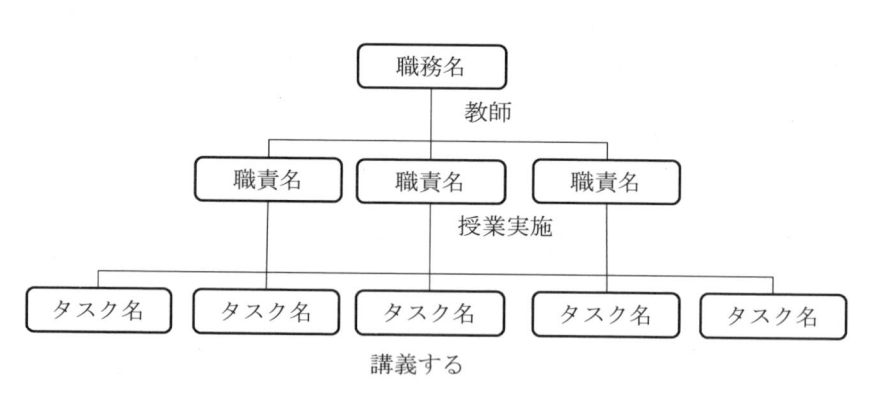

```
            ┌─────────┐
            │  職務名  │
            └────┬────┘
                教師
     ┌───────────┼───────────┐
┌────┴───┐ ┌────┴───┐ ┌────┴───┐
│ 職責名 │ │ 職責名 │ │ 職責名 │
└────────┘ └────┬───┘ └────────┘
              授業実施
   ┌──────┬──────┼──────┬──────┐
┌──┴─┐ ┌─┴──┐ ┌─┴──┐ ┌─┴──┐ ┌─┴──┐
│タスク名││タスク名││タスク名││タスク名││タスク名│
└────┘ └────┘ └────┘ └────┘ └────┘
              講義する
```

図 7-1　タスク分析

　たとえば、小学校の先生になりたい場合を考えて下さい。
　職務名は「教師」となり、教師がしなければならない職責をその下に書くことができます。職責のひとつは「授業の実施」になるでしょう。

授業を実施するためには、様々なことを実施しなればなりません。それがタスクとなります。たとえば、「講義する」というタスクが考えられます。授業を実施するためには講義するだけではなく、資料を準備したり、質疑応答項目を作ったり、授業実施計画案を作ったりいろいろなタスクがあります。

表 7-2 職務・職責・タスク

項目	説明	例
職務（名）	仕事の名前	教師
職責（名）	仕事を大きな項目に分類して、職責名として記述する。具体的に何をするのかがわかるように動詞を使って説明する	授業実施：生徒を集合させ、様々な教育手法（講義や討論、質疑応答、実験など）を活用して新しい能力を生徒に付与する
タスク（名）	職責に必要な具体的な実施項目を分類してタスク名として記述する。具体的な実施事項を行為を示す動詞（行為動詞）で説明する	講義実施：黒板やプロジェクタを使い、口頭で学習するべき内容を説明する

　教師の職責の例のひとつとして生徒に新しい能力を付与するというものが考えられます。そのためのひとつのタスクが講義実施であり、新しい能力内容を説明することになります。新しい能力を付与するためには、説明するだけではだめなことは明白です。他にもいろいろなタスクを実施しないと本当に能力を付与することはできないでしょう。
　分析のための情報収集は次のようなことを実施してみると良いでしょう。
・自分の知っていることを記述してみる
・資料、本、インターネットなどを調べる
・実際に仕事についている人に聞く、観察する
　自分の知っていることを記述したあと、いろいろな調査をしてみると、自分の知識が間違っていたり、不確かだったりすることに気が付くでし

しょう。たとえば、表7-2のタスクの例として「講義実施」がありますが、実際に調査すると「講義」にはいろいろな種類があり、その種類ごとにタスク名を書く必要を感じるかもしれません。気が付いた時に修正をしていきましょう。

7-2　事　例

　実際にみなさんが自分で自分の将来実施したい仕事を分析する前に、具体的なタスク分析例を見ていきましょう。まず簡単な「アジの塩焼き」を実施する例を見てみましょう。このような調理の方法についてはレシピ集が売られており、その中を見ると具体的なタスクをみることができます。

(1)　アジの塩焼き
 1. アジを水洗いする
 2. うろこをとる
 3. ゼイゴをとる
 4. はらわたをとる
 5. 皮に切れ目を入れる
 6. 軽く塩をふる
 7. （ヒレに塩をすり込むと焼き上がりがきれいになる）
 8. グリルの焼き網を予熱する
 9. 焼く（グリルの「姿焼き」を選択して焼くと自動でうまく焼いてくれる）
 10. 大根おろしを添えて皿に盛る
　（この手順は、筆者が知っている方法であり、違う方法の人もいるでしょう。）

　この例でわかるように「タスク分析」という言葉は難しそうに響きますが、料理のレシピを書くことと同じです。

第7章　タスク分析と知識、技術、態度

しかし、このような簡単な手順で書けないタスクもあります。たとえば、クーリングオフ制度によりキャッチセールスで買わされた品物の売買を無効にする方法はアジの塩焼きの例と同じように書けますが、大学生が危険から身を守る方法について書こうと思っても、単純に順番どおりに行うタスクとしては書けません。実際の分析例を見てみましょう。

(2)　大学生が危険から身を守る例

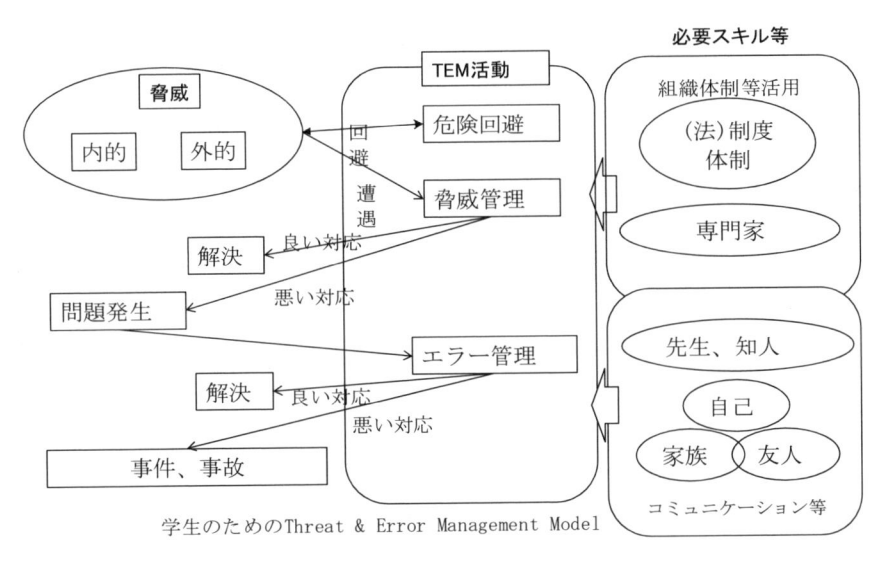

図 7-2　学生のための TEM

学生はいろいろな脅威に遭遇します。キャッチセールスに会うなどという外部からの脅威もあれば、友達が麻薬をやっているから自分も試してみたい（自分だけは麻薬中毒にはならないという甘い思い込みと一緒に）と考えてしまうような内的脅威もあります。

世の中、いろいろな脅威にあふれているので脅威に遭遇することは不可避です。その時に、脅威をうまく回避できれば最善です。脅威をうまく回避できないというエラーを犯せば（たとえば、キャッチセールスだとわかっていても、相手が美人・美男だからとついていってしまった）

危険に遭遇したことになります。その危険をうまく処理（脅威管理）すれば解決ですが、脅威管理できない（たとえば、不必要な高額な品物を買わされてしまった）と問題発生状態になります。問題が発生してもエラー管理をうまく行う（クーリングオフを行う）と解決できます。しかし、エラー管理がうまくできないと事件、事故になってしまいます。（高額な金額を払わなければならなくなり、結局サラ金に手を出すというようなことになる）

このような TEM（Thread and Error Management）活動をうまく実施するためには、法律の活用であるとか、親友とのコミュニケーションなどを実施することが必要になります。

(3) パイロットの職務例

次は実際の仕事を分析してみましょう。

定期航空路のパイロットの職務はどのようになっているか見てみましょう。

表 7-3　パイロットのタスク分析

	飛行職責のタスク分析	
2	Perform Aircraft Ground and Pre-Flight Operation	1. Thread and Error Management
3	Perform Take-off　離陸	
4	Perform Climb　上昇	
5	Perform Cruise　巡航	
6	Perform Descent　下降	
7	Perform Approach　アプローチ	
8	Perform Landing　ランディング	
9	Perform After Landing and Post Flight Operations	

（Pans Training, ICAO：2006 より引用）

パイロットのメインの職責は空港から空港へ飛行機を安全に飛ばすことです。Thread and Error Management だけは、すべての飛行フェーズに関係します。表 7-3 のタスクはより細かな下位タスクに分析されます。

第7章　タスク分析と知識、技術、態度

表 7-4　　Take Off：離陸のタスクの一部

NO	タスクレベル1	タスクレベル2	タスクレベル3
		Procedures for Air Navigation Services Training定義	
3	Perform Take-off		
3.0		Recognize and manage potential threats and errors	
3.1		Perform pre-take-off and pre-departure preparation	
3.1.1			checks and acknowledges line up clearance
3.1.2			checks correct runway selection
3.1.3			confirms validity of performance data
3.1.4			checks approach sector and runway are clear
3.1.5			confirms all checklists and take-off preparations completed
3.1.6			lines up the aircraft on centerline without loosing distance
3.1.7			checks weather on departure sector
3.1.8			checks runway status and wind
3.2		Perform take-off roll	
3.2.1			applies take-off thrust
3.2.2			checks engine parameters
3.2.3			checks airspeed indicators
3.2.4			stays on runway centerline

(Pans Training, ICAO：2006より引用)

　実際のパイロット養成では、タスクレベル3よりも下位のタスクを実際の飛行機の機種に合わせて分析していきます。

(4)　インストラクショナルデザイナの職務例

　インストラクショナルデザインのタスク分析の例をみてみましょう。
　インストラクショナルデザインでは、様々な関係者が分担して仕事をします。ですから、そのような関係者のタスクの関係がわかるように表にします。また、タスクの流れがわかるように矢印などでタスクを結んでいきます。

第7章 タスク分析と知識、技術、態度

表7-5 インストラクショナルデザイナのタスク分析

職責	インストラクタ	メンタ	コース運用支援者	インストラクショナルデザイナ	コンテンツスペシャリスト	システム開発	システム管理者	マネージャー	コンサルタント
長期教育計画調査	(作業者として協働してタスク実施)			現在の組織の方針となっているカリキュラム体系や長期教育計画における学習制約条件、現状と長期計画の差を調査し、文書化する。				調査結果を検討、承認する。	(タスク実施を支援する、または、アウトソーシングとして受託して全面実施)
ニーズ分析				学習ニーズを調査する。				調査結果を検討、承認する。	(タスク実施を支援する、または、アウトソーシングとして受託して全面実施)
	(作業者として協働してタスク実施)			ニーズの発生原因、背景を調査する。					(タスク実施を支援する、または、アウトソーシングとして受託して全面実施)
	(作業者として協働してタスク実施)			現状の業務実施方法、または、受講後の就職後などで実施する仕事の内容と方法を調査する。					(タスク実施を支援する、または、アウトソーシングとして受託して全面実施)
	(作業者として協働してタスク実施)			ニーズに関連する現状の教育コースを調査する。					(タスク実施を支援する、または、アウトソーシングとして受託して全面実施)
	(作業者として協働してタスク実施)			ニーズに関係する現状の職務環境と学習環境を調査する。					(タスク実施を支援する、または、アウトソーシングとして受託して全面実施)
	(作業者として協働してタスク実施)			調査したニーズに対する解決策を列記し、重要なものから並べる。(教育コースゴールには、教育だけではなく、他の解決策によるゴール達成の場合もありえる。)					(タスク実施を支援する、または、アウトソーシングとして受託して全面実施)
				最終的解決策を記述し、最適な提案を行なう。(教育を行う場合には、最終的に学習者が獲得する知識や技術、態度、修了基準などを簡潔にまとめ、IDプロセスを次に進める)	①ゴール設定から各分析作業へ			調査結果を検討、承認する。	(タスク実施を支援する、または、アウトソーシングとして受託して全面実施)
対象者分析	(作業者として協働してタスク実施)	①ゴール設定から		学習者の情報、特徴(年齢層、男女比、出身地など)を分析する。					(タスク実施を支援する、または、アウトソーシングとして受託して全面実施)
	(作業者として協働してタスク実施)			学習者の学習内容に対する好悪などの感情や学習したいかどうかなどの態度を明確にし、記述する。					(タスク実施を支援する、または、アウトソーシングとして受託して全面実施)
	(作業者として協働してタスク実施)			対象者が持っている言語スキルを明確にし、文書化する。					(タスク実施を支援する、または、アウトソーシングとして受託して全面実施)
	(作業者として協働してタスク実施)			学習者の事前知識、事前経験などを明確にし、記述する。					(タスク実施を支援する、または、アウトソーシングとして受託して全面実施)
				企業内教育では、対象職務レベル、同時に実施する他の職務などを明確にし、記述する。	②分析結果から企画書作成へ			(作業者として協働してタスク実施)	(タスク実施を支援する、または、アウトソーシングとして受託して全面実施)

7-3 タスク実施に必要な知識、技術、態度（KSA）

「図 3-2 KSA と知的技能、認知的方略」を思い出して下さい。各タスクでどのような知識（Knowledge）、技術（Skill）、態度（Atitude）が必要かを考えなければなりません。

7-2 節のアジの塩焼きの例の中のひとつのタスクを考えてみましょう。

「ゼイゴをとる」というタスクがありますが、これを習得するためには以下のような能力が必要です。なお、ゼイゴとは尾に近い腹の両脇にある 1 列に並ぶ、とげ状のうろこのことです。

〈知識〉
　　ゼイゴとは何か説明できる
　　ゼイゴをとる目的を説明できる
　　（皮を食べた時に口に刺さったりすることを防止する）
〈技術〉
　　ゼイゴを安全な方法でとることができる
　　（切り方を誤ると手を切りやすい）
　　見た目もきれいで、身を傷付けずにゼイゴを取れる
〈態度〉
　　食べる人の身になってゼイゴをとるかどうか判断できる
　　（筆者は自分で食べる時にはうろこもゼイゴも取らない。私にとっては、そのままで美味しいし口に刺さるようなこともないから。）

7-2 節の大学生が危険から身を守る例では、たとえば、内的脅威の例や種類、その回避の仕方と回避失敗の事例などを学ぶ必要があり、そのような TEM 活動を支援してくれる制度や組織などの活用方法や、自分を支援してくれる先生や親、友人、先輩などとのコミュニケーションの取り方なども学習する必要があるでしょう。

7-4 タスクの中の重要な項目：重要項目分析

　タスクの中で重要な項目を選択します。重要項目は確実に身に付くように学習する必要があります。

　重要なタスクの選択には「頻度」「失敗した時の影響度」「実施の困難度」などを参考にします。また、製造された商品や提供するサービスなどで、他よりも優れた点を打ち出したいなどという項目（成功領域）も重要項目となります。

　就職してある仕事をしたいという場合の仕事の分析では、自分が売り込めるタスクとしてどこを重点にするかを決め、それを武器に就職活動すれば、就職がうまくいくことが多いと思います。そのような就職に有利になるようなタスクが確実にできるように、関連するKSAをしっかりと身に付けましょう。

7-5 あなたの将来なりたい職業、夢のタスク分析をしよう

　「第5章ニーズ分析：あなたはなぜ学習しなければならないのか」において、あなたは自分が将来実施したい仕事を分析したと思います。その分析で得た仕事の中で、一番実施したい仕事についてタスク分析してみて下さい。また、現在すでに職についている人は、自分が現在実施している仕事を分析してみて下さい。自分の足らない能力やより良い仕事のやり方を見つけることができると思います。

　まずは「自分の知っている範囲」で書いてみて下さい。そのあと、インターネットや本などで調べて書き直して下さい。可能ならば、実際にその仕事を実施している人に聞くとか観察するなどにより、より正確にタスクを定義して下さい。

第7章 タスク分析と知識、技術、態度

表 7-6 私「　　　」のしたい仕事のタスク分析

項番	職務名 職責群名	職責	タスク	KSA種別	KSA	頻度	影響度	難易度	成功領域	重要項目

頻度、影響度、難易度、成功領域／該当「重要項目」には◎、○／重要度

■第8章　学習目標分析

　自分の就きたい仕事ができるようになるための学習目標を分析しましょう。

表8-1　学習目標

自己レベル（1：まったくできない、2：あまりできない、3：ほぼできる、4：完全にできる）

	学習目標	評価方法	自分のレベル	自分の重点学習項目　○ or ×（理由付加）
1	学習領域について概要を説明できる	自分なりの言葉で話せれば合格		
2	学習目標は何かということを学習目標の構造化と合わせて説明できる	自分なりの言葉で話せれば合格		
3	学習目標の5要素を説明できる	自分なりの言葉で話せれば合格		
	自分の習得したい能力（KSA）に対して学習目標が書ける	「8-5 学習目標を書いてみよう」にある学習目標分析表に自分の学習目標を記述できれば合格		
				（関連項目として自分が学習したいことがあったら左に記述）

8-1　学習領域

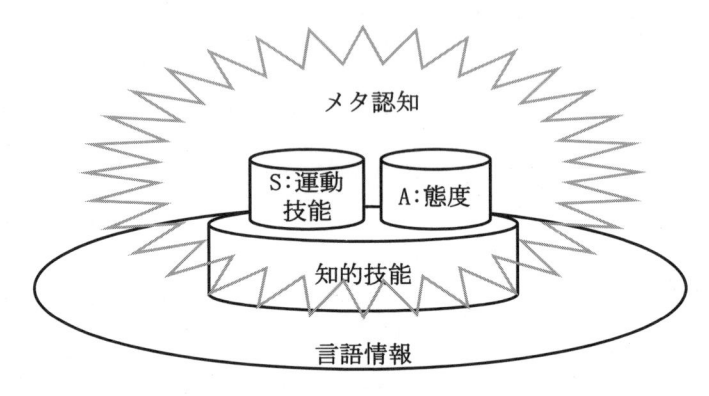

図 8-1　学習領域

　学習する内容を知識：K、技術：S、態度：Aと前章まででは説明していました。図 8-1 では、この内容を学習領域としてもう少し細かく分類して図示しました。

　知識は言語情報と知的技能に分かれます。言語情報は暗記するなり、必要な時に取り出せるようにメモしたりパソコンなどに記憶させておけば良いものです。（入試などが、実施の容易性からこの言語情報の記憶量を調べることに重点が置かれることから、言語情報の習得が学習だと感じている人が多いのですが、言語情報は確かに基礎的な情報ではありますが、学習のほんの一部です。）知識は活用できなければなりません。知識を活用する能力が知的技能です。

　この知的技能に基づいて運動技能や態度を活用することができるようになることが学習です。

　言語情報、知的技能、運動技能、態度は単独で活用されるものではなく、総合的に活用してはじめて良い仕事、良い生き方などができるようになります。学習した結果を活用して良い結果を得るというサイクルを

第8章　学習目標分析

繰り返せば、自分に合った学習スタイルが決まり、自分の学習課程を客観的に判断できるようになります。これがメタ認知です。（ここではメタ認知に認知的方略も含めています。）

表8-2は、各学習領域で学習する能力を説明しています。

「言語情報」は言葉で説明できる事柄です。

「知的技能」はいくつかに分かれます。（心理学者によって分け方はいろいろです。）ここでは、識別、概念の具体化、概念定義、ルール、問題解決に分けて記述しました。言語情報で薔薇という花を知り（植物図鑑でみるとか、事典で引くなどして知る）、花壇にいって、いろいろな花の中から薔薇の花を見つけることができれば識別できたことになります。

花壇に咲く大輪の薔薇や小さな花が群生するような野薔薇を見くらべたり、薔薇以外の花との違いを観察していくと薔薇というものの概念が具体的にわかってきます。理解できた具体的な概念を自分の言葉で定義すれば概念定義となります。

明確な言葉で定義はできるものばかりではないでしょうが、しっかりとした特徴がわかっていれば概念定義の能力を獲得したと言えるでしょう。花の大きさ、めしべの形と色、おしべの形と色、葉っぱの形、花の匂いなどの関係を知れば、薔薇の見分け方法というルールがわかるでしょう。そして、自分の恋人に送る花は、恋人の性格や花を贈る目的から、どの種類の薔薇を選べば良いか判断できるようになります。

メタ認知は自分の学習課程を振り返り、より良い方法を選択できるようになる能力ということができます。

運動技能は身体を動かす技能です。字を書くのも腕を動かすという運動ですから運動技能です。逆上がりをするなどという体育の授業でする運動は運動技能のほんの一部です。

態度は4つに分かれます。「受信と応答」では、まず感じることが必要です。美しいものを見たら感動する、悲しい事故に遭遇したら悲しむなどの喜怒哀楽を素直に、しっかりと感じることが必要です。そして、その感じたことを表明することができるということが「応答」ということになります。受信して応答したことに対して、評価を行い価値付けをし

表 8-2　学習対象の能力

学習対象の能力		能力の内容	能力動詞 修得する能力を表す動詞例	行為動詞 実際の動作を表す動詞の例	事　例
言語情報		その情報を言葉で表現できる	述べる	文書に書いて 口頭で	ID の定義を口頭で述べる
知的技能	識別	識別すること、弁別すること	識別する 弁別する	照合する 比べる	植物同士を比べて識別する
	概念の具体化	識別したものを具体的に説明すること	同定する 特定する	名前を言う	植物の名前を言い、同定する。 数学の公式の名前を言うことにより特定する。
	概念定義	物や出来事などを、特定の属性や機能に従い分類できること	分類する	図示する 書く	ID モデルの違いを図示し、分類する
	ルール	概念間の関係を区別し分類すること	実演する 例示する	（計算を）実施する	いろいろの分数の割り算の計算を実施し、例示する
	問題解決	高次のルールであり、解決策を生成する	生成する	実施する	課題に対する ID 分析を実施し、教育計画を生成する
メタ認知		有効な方法、戦略を採用する	採用する	説明する	問題に合致した分析方法であることを説明し（明確にし）採用を決定する
運動技能		目的とする運動を実施できること	運動を実施する	運動名	足を大きく振り、腕を引き付けることで、逆上がりを実施する
態度	受信と応答	感じたり、価値を認めたり、態度を変えたことを言葉で述べる	感じる 変える	説明する	子供が生まれたことを嬉しく感じたことを説明する
	価値付け	「受信と応答」したことを行為や動作で表す	表す	実施する 行動する 示す	子供を抱いて、生まれたことの嬉しさを笑顔を示すことにより表す
	組織化	行動の組織化、規範化を行う	努力する	行う	お客様からの要望に対し、お客様第一の方針から、対応を行い、どのお客様にも上質なサービスを提供するように努力している
	個性化	より成熟した行動パターンをとる	成熟する 心がける	示す	お客様には自分なりの最高のサービス姿勢を示すことを心がける

（インストラクショナルデザインの原理、ガニエ他、北大路書房（2007）、インストラクショナルデザイン入門、リー＆オーエンズ、東京電機大学出版局（2003）より内田作成）

て、価値あると認めたものはそれを強化するような行動をとれるようになり、価値がないとか問題であると認めたものは避けたり防止したりすることができるようになります。それが「価値付け」です。「価値付け」で得られた価値観に基づく行動を組織化、系統化できれば、それが「組織化」になります。その「組織化」した自分の態度をより自分らしく、他の人との違いを出せれば、それが「個性化」になります。

学習目標を決定する時には、自分がこのような能力の中のどこの部分を狙って学習しているのかをはっきりと意識していることが大事です。

8-2　学習目標とは何か

学習目標という言葉の英語名は通常「Performance Objectives」と言われます。日本語の学習目標を直訳した Learning Objectives ではないのです。「Performance Objectives」は「行動目標」とか「パフォーマンス目標」などとも訳されることがありますが、一般的には「学習目標」と訳されています。

学習には目的があります。ある能力を得て、あることが実施できるようになることです。「Performance Objectives」とは学習の目的はパフォーマンスができることであり、そのための目標なのだから Learning Objectives ではなく「Performance Objectives」を使っているのでしょう。

だから学習目標の記述は「何かができるようになる」という記述でなければならず「何かを学習する」というような学習そのものが最終目標となるような書き方はしないのです。「何かができるようになる」のですから、その記述はできるようになったかどうかが明確に他人が見て理解できるような書き方をします。「何かを理解する」という書き方は他の人が見て、その人が理解したのかどうか、どのように理解したのか、理解した結果「何かができるようになったか」が判定できません。（「理解」はしたけど、そんなことやっていられないと、実際には行動に移さないことも多いでしょう）

学習目標には「何が」「どんなふうにできるようになる」のか明確にわ

表 8-3　学習目標の悪い例、良い例

学習目標例

✗　ADDIEモデルを理解する

> 「理解」では、自分なり分かればよいので、どのように分かったのか不明である。つまり、これは、明確な規定ではない。理解したからといって、それに沿った行動(パフォーマンス)をとるとは限らない。

◯　ADDIEモデルを、5個の円を書きその中に各々の名前を英語の単語で記入し、各々の円を矢印で正しい方向につなぎ、図示することができる。

> 具体的にどのような行動(パフォーマンス)ができるようになるか、条件や制限を含めて明確である。また、学習中に実施する学習活動が「図を書く」ということであることも明確にわかる。

かるように書く必要があります。

　学習を設計する時には学習目標は厳格に書く必要があります。しかし、学習者に学習目標を提示する時は、分析した文章のままでなく、受講者にわかりやすい文章に書きなおすことが必要です。ただし、「理解」するなどという言葉は使うのをやめましょう。

8-3　学習目標は構造化される

　「飛行機を操縦できる」「C言語を使ってプログラミングできる」も目標ではありますが、具体的に学習する場合はこれらの目標を細かく分解し階層的に書いていかなければなりません。
　タスク分析でタスクを階層的に分析し、そこで必要な能力 KSA を洗い出してもらいました。この KSA を階層的に並べていくことが必要です。図 8-2 を見て下さい。最終的な目標であるレポートを書けるようになるためには、その下にいろいろな学習目標がありそれが積み上がってはじ

第 8 章　学習目標分析

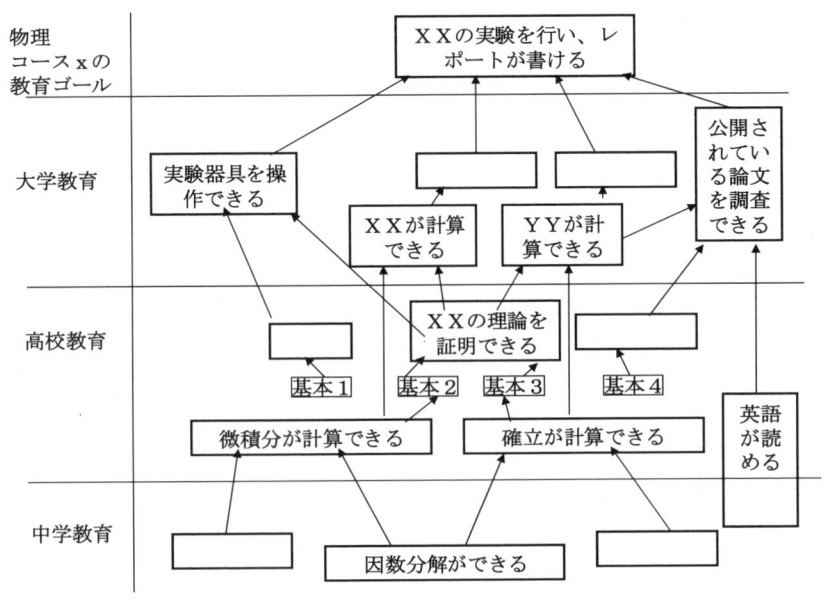

図8-2　学習目標の階層化

めて最終的な学習目標が達成できるのです。

8-4　学習目標の 5 要素

学習目標の記述には、対象・状況・制約他・行為動詞・習得能力の 5 項目が入っていなければなりません。

対象：「何が」学習されるのかを示す

```
実行される内容、対象のこと
    例：ADDIE モデル
        二次方程式の解の公式
        論文の書き方
        サーバ構築方法
```

状況:「どんな状況、状態で」実施できるのかを示す

> 学習された能力が発揮される状況、文脈
>   例:指示を与えられて
>   データを与えられて
>   質問されたとき
>   工場の 80 ホン以上の騒音の中で

制約他:実施する時の制約、実施できるレベルなどを示す

> 学習された能力が発揮されるときの制限、条件、ツールなど
>   例:そろばんで
>   事前情報なしに
>   ぎくしゃくせずになめらかに
>   正確に
>   正しい方法で正しい位置に
>   すばやく
>   10 秒以内に

行為動詞:表 8-2 学習対象の能力の行為動詞を使用する

> ◆ 職務遂行のなされかた、観察可能な動作
> ◆ 学習活動として、この行為動詞で示される動作を実施する
> ◆ この行為動詞で示す行動ができたかどうかで、学習目標が達成できたかどうか判定する

習得能力:表 8-2 学習対象の能力の能力動詞を使用する

> 学習の種類を動詞の形で示す

第 8 章　学習目標分析

　なお、ひとつの学習目標を記述する時に行為動詞と習得能力に同じ動詞を用いるとわかりづらくなります。違う動詞を使用して下さい。
　以上の 5 要素を記述してそれを組み合わせると学習目標になります。
最終（学習）目標：対象＋状況＋制約＋習得能力
　　　　　　　　　最終的に習得できる能力
レッスン目標：対象＋状況＋制約＋行為動詞
　　　　　　　学習行動として実際に実施すること

図 8-3 は、インストラクショナルデザイナの学習目標分析の一部です。

第 8 章　学習目標分析

番号	学習目標名	学習領域	レベル	職務遂行目標 要素				
				対象	状況	制約他	行為動詞	習得能力
1	ID定義	認知	教授伝達	IDの定義について	何種類か提示して	教育の専門家でなくてもわかるような	説明を聞く。	説明ができる。
1-1	ID目的	認知	教授伝達	IDを教育開発に利用する目的を	昔ながらの教育開発方法しか知らないような人に	ID使用の効果が明快にわかるような	説明を聞く。	説明ができる。

（吹き出し：習得される能力）
（吹き出し：学習時に実際実施する活動行為として記述）

続き

学習目標	
最終目標 （知識、スキル、態度セット：学習終了後に実施可能となる項目一覧）	レッスン目標 （学習時実施項目）
IDの定義について何種類か提示して教育の専門家でなくてもわかるような説明ができる。	IDの定義について何種類か提示して教育の専門家でなくてもわかるような説明を聞く。
IDを教育開発に利用する目的を昔ながらの教育開発方法しか知らないような人にID使用の効果が明快にわかるような説明ができる。	IDを教育開発に利用する目的を昔ながらの教育開発方法しか知らないような人にID使用の効果が明快にわかるような説明を聞く。

（吹き出し：修了時、獲得している能力　対象+状況+制約+習得能力）
（吹き出し：学習時、実施する活動　対象+状況+制約+行為動詞）

図 8-3　インストラクショナルデザイナの学習目標分析例

8-5 学習目標を書いてみよう

　第 7 章タスク分析と知識、技術、態度で分析したみなさんの仕事に対して学習目標を書いてみましょう。

　ただし、最初から自分の選んだ仕事の学習目標分析は難しいと思いますので、最初に今まで受けた講義で一番良かったと思うもののうち、1 時限だけを選んで、その分析を表 8-4 に記述してみて下さい。表の中の学習方法や時間の項目名は実際の学習方法に書き換えて下さい。

　なお、表計算ソフトなどを利用して表を作って記述していくことが最善です。その場合、リスト形式で学習領域を選択できるようにしたり、最終目標やレッスン目標は 5 要素から自動で作られるようにしておくと入力が楽になります。

　表 8-5 に、第 7 章でタスク分析した自分の選んだ仕事の学習目標を分析してみましょう。最初から最善のものはできないでしょうが、少しずつ見直して修正していけば良いでしょう。修正をするためにも表計算ソフトなどで作成するのが最善です。

第8章　学習目標分析

表8-4　良かった「　」講義　学習目標分析表

学習目標分析表

職務遂行目標				要素			学習目標	レッスン目標実施項目（学習時実施項目：学習終了後に実施可能となる項目一覧）	学習方法					時間	評価方法			
職務遂行目標番号	学習目標名	学習領域	レベル	対象	状況	制約他	行為動詞 習得能力	（修得／学習スキル（知識、スキル、態度をセット：学習終了後に実施可能となる項目一覧））	eラーニング	集合	レポート	演習	学習ログ作成		実技	口頭試問	レポート	Simulation その他
									合計学習時間（分）					0				
									合計学習時間（時間）					0				

- 階層構造がわかるように番号付
- 学習領域とレベルはリストから選択
- 5要素はつなげると一つの文になるような形で書く
- excel作成時の参考：5要素を入力すると自動で学習目標とレッスン目標ができるように次のような関数を入れると良い。
  学習目標
  J5=CONCATENATE (E5, F5, G5, I5)
  レッスン目標
  K5=CONCATENATE (E5, F5, G5, H5)
- 実際に利用する学習方法に変える
- 合計時間は自動計算
- 実際に利用する評価方法に変える。また、具体的なテスト問題などは別途記述する

第8章 学習目標分析

表8-5 「　」学習目標分析

職務遂行目標番号	学習目標名	学習領域	レベル	職務遂行目標				学習目標		学習方法					時間		評価方法					
				要素				(修得)学習目標(知識、スキル、態度セット：学習終了後に実施可能となる項目一覧)	レッスン目標(学習時実施項目：学習評価項目)	e ラーニング	集合 レポート	教育	ー学習		レポート作成		レポート	口頭試問	デーストト	実技	Simulation	その他
				対象	状況	制約他	行為動詞	習得能力														

合計学習時間（分）　0
合計学習時間（時間）　0

■第9章 メディア分析

　自分に合った学習メディアを選択しましょう。

表9-1　学習目標

自己レベル（1：まったくできない、2：あまりできない、3：ほぼできる、4：完全にできる）

	学習目標	評価方法	自分のレベル	自分の重点学習項目　○or×（理由付加）
1	自分の学習スタイルを説明できる	「表9-3 あなたの学習タイプ」に記述できれば合格		
2	自分が利用すべき学習メディアを選択できる	「表9-6 メディアの選択」に記述できれば合格		
				（関連項目として自分が学習したいことがあったら左に記述）

9-1　学習スタイル

　第6章学習者分析の「表6-3 学習者としての自己を分析」において、どのような学習方法が好きか態度分析してもらいました。ここでは、それをもう少し分析して、自分に合った学習メディアを見つけましょう。
　みなさんは自分なりの学習スタイルを持っています。教科書を自分で読んで学習することが得意だったり、図などで提示される情報の学習が

好きだったり、先生の講義を聞いて学習するのが好きであったり、e ラーニングという WEB 上でのコンテンツなどで学習するのが得意だったりすると思います。

　学習のスタイルの好みの違いによって、学習の効果、効率などに差はほとんどないと言われておりますが、自分の学習スタイルを知り、それにふさわしい学習メディアを選ぶことが必要です。自分の学習スタイルに合わない学習メディアを選択すると学習効果や効率は悪くなります。また、学習内容に合わせて自分の学習スタイルを修正することも必要になります。ただし、身に付いた学習スタイルを大幅に変えることは難しいと言われています。学習内容に合わせて学習スタイルを微修正することで学習効果や効率がアップします。

表 9-2　フェルダーの学習スタイル（1993）

	学習タイプ		特　徴
1	能動的（Active） ⇔受動的 　（Reflective）	能動的（Active）	みんなでグループ学習したり、実際に試してみる、やってみることが好き
		受動的 （Reflective）	物事を分析し、評価するのが好きで、自分独自の結論などにたどり着くのが好き
2	事実的（Sensing） ⇔直観的 　（Intuitive）	事実的 （Sensing）	具体的、実践的、実施手順などの情報が好きで、事実が好き
		直観的 （Intuitive）	概念的、革新的、理論的な情報が好きで、物事の意味を知りたがる
3	視覚的（Visual）⇔ 言語的（Verbal）	視覚的（Visual）	グラフ、図、写真などから学習するのが好き
		言語的（Verbal）	言葉を聞いたり、読んだりして学習することが好きで、言語による説明を求める
4	順序的 （Sequential）⇔ 全体的（Global）	順序的 （Sequential）	順番に学習することが好きで、論理的な手順で学習する
		全体的（Global）	まず全体像を見て、そこから詳細を学習する

いろいろな学習スタイルが提唱されていますが、ここではフェルダー（Felder）(1993)の学習スタイルを紹介します（表9-2）。

教える先生も、実は自分の好きな学習スタイルで教えている場合がほとんどです。学習者のスタイルに合わせて、自分は言語的教育スタイルが好きなんだが、視覚的学習スタイルの受講生が多いので、グラフや図や写真なども取り入れて、視覚的教育スタイルも取り入れる努力をしているというような先生はあまりいないのではないかと思います。（そのような努力をされている先生、ごめんなさい。）

あなたの学習タイプはどのようなタイプでしょう。表9-3にチェックを入れてみましょう。たとえば、能動的なのであればその行の（←）にチェックし中間ならば真ん中、そして受動的ならば（→）にチェックを入れましょう。

表9-3　あなたの学習タイプ

	あなたのタイプ			
	(←)	中間	(→)	
能動的（Active）				受動的（Reflective）
事実的（Sensing）				直観的（Intuitive）
視覚的（Visual）				言語的（Verbal）
順序的（Sequential）				全体的（Global）

チェックができたら、他の人に自分の学習タイプを聞いてみましょう。自分の思っている学習タイプと周囲が自分の学習状況を見て判断したタイプが違うことがあります。その違いの原因を考えると自分の学習方法を改善できることも多いと思います。（ちなみに筆者の学習タイプはどうでしょう。いろいろな学習タイプの人に合わせて書いているつもりではあるのですが、自分の学習・教育タイプから大きくそれることはできません。）

9-2 学習メディア

　学習者が学習に活用できるメディアを考えてみましょう。メディアを通して、学習すべき新しい事柄や、それを習得（できるようになる、熟練するなど）する方法などが伝えられ、それに沿ってみなさんは学習します。ですから、メディアには教科書などだけではなく、先生も入ります。WEB で学習する e ラーニングなどもメディアになります。
　いろいろなメディアがあるので、分類のための軸を表 9-4 に示す 3 軸に定めて分類してみましょう。

表 9-4　メディアの分類軸

分類軸	相違点	
リアルタイム⇔オンデマンド	リアルタイム：学習はリアルタイムで提供される。終了してしまったら、受講できない	オンデマンド：いつでも学習者が学習可能な時にアクセスできる
インターラクティブ性 有⇔無	有：質疑応答や討論が可能	無：質疑応答や討論は不可能。学習データが提示されるだけ
管理機能 有⇔無	有：だれがいつ学習したか、テストの点数などを記録し管理する	無：だれが学習したかなどの記録を取らない

　分類した結果を図示したものが図 9-1 です。
　たとえば、講師の講義は、質問などができることからインターラクティブ性があると考えられます。また、教室に学生を集めて講義をすると考えるとリアルタイムです。先生は出欠をとったり、質疑応答などの情報を記録します。つまり先生が管理を実施しています。
　しかし、講師の講義は一般にはそのような位置付けだとしても、先生

第9章 メディア分析

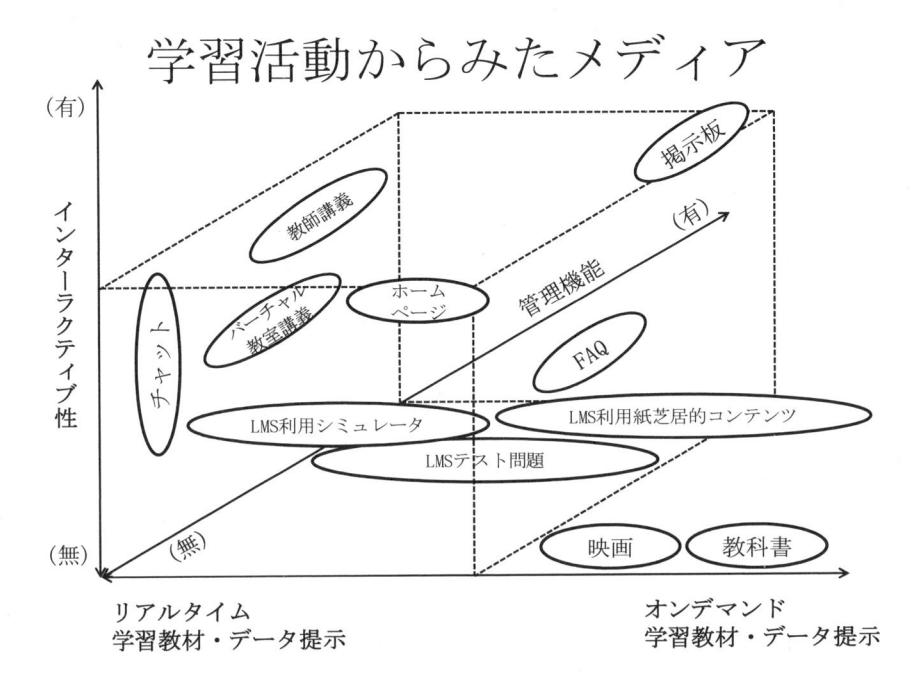

学習活動からみたメディア

図 9-1　学習メディア
LMS：Learning Management System，FAQ：Frequently Asked Questions

によっては全く異なってきます。たとえば、質問は他の学習者のさまたげになるから、時間内にはしてはいけない、質問したかったら研究室に来なさいなどという先生の場合はインターラクティブ性はないということになるでしょう。また、自分の講義をビデオに撮りサーバに乗せて公開している先生も増えてきました。教室でも講義を受けられ、あとからWEBでも見られるとなると、講義はリアルタイムであるとともにオンデマンドにもなります。

なお、図 9-1 の中の LMS は、WEB 経由で講義やテスト問題などを提供してくれるシステムです。通常 LMS を利用する学習を（狭義の）e ラーニングと呼んでおります。（e ラーニングの定義はいろいろあります。興味のある人は WEB などを検索してみて下さい）　LMS を利用すると

表 9-5　メディア一覧

メディア	利点	欠点
教員による講義、討論など	深い知識などを聞くことができる。 討論や質疑応答などを行えば、インターラクティブで、参加した学習者のその時のニーズなどに応えた学習が可能となる。 また、内発的学習意欲が強くなくても、ただ聴いているだけでわかったつもりになれる	一方的にしゃべるだけの講義では、生徒は眠くなる。 大人数の講義では、全員との質疑応答や発問は難しい。 先生と生徒の時間を同時に確保し、場所も確保しなければならない。 講師の講義技量により、効果が大きく異なる。
教科書	歴史も長く、優れたメディアである。 本を読むことが得意な学習者(成人学習者はこれに当てはまることが多いはず)には特に有効である。 必要ならば学習メモなども書き込め、自分独自のメディアに変えられる。 いつでも好きな時に読め、オンデマンドメディアである。 内発的学習意欲が強い人には非常に有効なメディアである。	本を読むことが得意でない人には不向きなメディアである。 本の持ち歩きや保存が大変である。 内容の修正が大変である。 学習者のニーズに合わせて、こまめに変更することは難しい。
WEB ページ	簡単にアクセスできる。 簡単に修正できる。 インターラクティブ性も付加できる。 世界中の最新のデータを大量に学習することができる。	嘘、誤りがある可能性がある。 データがいつまであるか保証がない。 アクセス端末とネットワークが必要である。 学習履歴などが残らない。
LMS 利用 e ラーニング	学習管理ができる。 学習者の進捗状況などがリアルタイムでわかる。 学習履歴管理やテストなども自動で実施可能である。 成績管理などが自動で実施できる。 レポートなどの管理が簡単に実施できる。 いつでも、どこでも学習できる。	学習者の管理が必要である。 パスワードなどがないとアクセスできない。 サーバやネットワークが必要で、その管理が必要である。

第9章 メディア分析

メディア	利点	欠点
WEB掲示板	インターラクティブな学習ができる。 構成主義的なグループの学習が可能である。	わき道にそれた学習になったり、グループ内で紛争が起こったりする可能性がある。 管理者が必要である。
CD-ROMなど	シミュレーションなど独自のソフトを組み込んだ学習が可能である。 音声や動画などの情報量が多いコンテンツでも学習ができる。	物理的に配布する必要がある。 PCがなければ開けない。 WEBで配信するよりも、コストがかかることが多い。
ビデオ、音声など	百聞は一見に如かず	配信メディアとして何を利用するかにより、利点、欠点、コストなどが大きく異なる。 制作に費用や時間が多くかかる場合がある。
WEB会議システム	遠隔地の人どおしで、集まらなくても学習が可能である。 ネット上で行うので衛星会議などより、ずっと低コストでできる。	設備が必要である。 接続には、技術が必要である。
衛星会議システム	高品質の画像や音声が利用可能である。	設備が必要である。 接続には、専門の技術者が必要な場合が多い。 非常にコストがかかる。
電話会議	遠隔地を安価に接続して、学習ができる。	相手の顔が見えない。 図示したりして教育することができない。
テレビ放送など	大量の人に教育が可能である。	放送時間枠の割り当てをもらうなどの必要がある。 教育に利用するには、非常に大きなコストがかかる。

だれが、いつ、どのような学習をしたかを記録にとれます。先生が講義をしていたのではとてもとれないような詳細な学習経過の記録もとることができます。

　どのメディアを学習に利用すべきかは、学習する対象と学習者の学習スタイルによって決まります。言語情報を記憶するだけの学習ならば、

本でも良いし、ホームページでも良いし、オーディオファイルを提供してもらうだけでも良い時があるでしょう。

　学習のメディアを選択する時には、利用可能で自分の学習スタイルに合っていて、コストの低いものを選ぶことになるでしょう。

9-3　あなたに合うメディアは？

　修得が簡単な学習については、学習メディアの種類はあまり問題にならないでしょう。習得が難しいものは、学習内容に合致したメディアが必要になります。たとえば、パイロットの養成では、シミュレータが利用され、教官が実際の操縦方法を細かく指導します。パイロットの教育を教科書だけで実施することは不可能でしょう。

　あなたが第8章学習目標分析で決定した学習目標を学習するためのメディアを表9-6に記入して分析してみましょう。先生が必要ない場合は先生の選択はしないで下さい。先生の具体名にはできれば、実際に教わることができる先生を選択して記述してみて下さい。もし、先生を選べなく、適当な先生がいない場合はそのように記述して下さい。

　自分が今まで受講した授業で、学習しやすかったもの、学習が苦痛だったものも分析してみると良いでしょう。学習する内容そのものの問題も多いでしょうが、メディアの選択が悪い場合も多いと思います。（成績の悪いのを人のせいにしろと言っているわけではありません。学習メディアの影響が自分の成績にどのくらい影響していて、どのように変えていけば良いか考えていただければと思います。）

第9章 メディア分析

表9-6 メディアの選択

検討項目		選択特性	具体名
先生の選択	能動的(Active)⇔受動的(Reflective)		
	事実的(Sensing)⇔直観的(Intuitive)		
	視覚的(Visual)⇔言語的(Verbal)		
	順序的(Sequential)⇔全体的(Global)		
教材の選択	リアルタイム⇔オンデマンド		
	インターラクティブ性 有⇔無		
	管理機能 有⇔無		

選択特性記述:無関係、中間、具体的な特性名や有無

■第10章　あなた自身の学習の設計と評価

自分の学習方法と結果の評価方法を決めましょう。

表10-1　学習目標

自己レベル（1：まったくできない、2：あまりできない、3：ほぼできる、4：完全にできる）

	学習目標	評価方法	自分のレベル	自分の重点学習項目　○ or ×（理由付加）
1	ガニエの9教授事象を自分の学習に活用できる	「表10-12良かった授業、悪かった授業の分析」、「表10-13自分の仕事をどのように学習するか」に記述できれば合格		
2	ケラーのARCSモデルを自分の学習に活用して自分のモチベーションを高揚できる	「表10-18 ARCSモデル分析表」に記述できれば合格		
3	カークパトリックの4段階評価を使用して、自分の学習を評価できる	「表10-20自己の学習評価」に記述できれば合格		
				（関連項目として自分が学習したいことがあったら左に記述）

第10章　あなた自身の学習の設計と評価

10-1　効果的に学習するにはどうすれば良いか

　学習はどのようにすると効果的、効率的にできるのでしょうか。
　これを考える時に、教師が効果的、効率的に講義をするための手順として、ガニエの9教授事象がありますので見てみましょう。

表10-2　ガニエの9教授事象

1	学習者の注意を獲得する
2	授業の目標を知らせる
3	前提条件を思い出させる
4	新しい事項を提示する
5	学習の方針を与える
6	練習の機会を作る
7	フィードバックを与える
8	学習の成果を評価する
9	保持と転移を高める

（インストラクショナルデザインの原理、ガニエ他、p.221、北大路書房（2007）より）

　この9教授事象を順番に起こすと、うまく教育が実施できると言われています。ただし、大学の講義などでは、この中の項番4の「新しい事項を提示する」しかされていないことが多いなどとも言われています。（ガニエの9教授事象を活用している先生には、すみません）
　先生が使用してくれないならば、学習者が自分で活用すれば良いのです。では、各項目を順番に見ていきましょう。

第10章　あなた自身の学習の設計と評価

表 10-3　事象 1 注意

事象順番	事象	内容	先生が実施する（かもしれない）ことの例	学習者がすべきこと	
1	学習者の注意を喚起する	・何か有益なことがありそうだ、面白そうだ、自分に関係があるぞと思わせる。 ・今まで実施していたことを中止し、学習に注意を向ける	・うまく演出された先生の教室への入室にもこの効果はある→先生の姿→顔→目と口→言葉→提示するもの、という順番で注意を引き付け、提示したもので興味を喚起する ・今から学習することに関係するトピックや失敗事例、成功事例を説明する ・今から学習することに関する事例をビデオ動画で見せる ・先輩の成功事例を見せる	先生が事象を起こしたとき	・先生が何に注意を向けさせようとしているか判定する ・注意を向ける価値があるか、ないとしたらなぜないのかを考え、受講を中止するか、先生に価値があるかどうか質問するなどを行う ・自分が何に注意を向けるべきか決定する（先生の言うとおりにする必要がいつもあるわけではない。自分のニーズに従い判定する）
				先生が事象を起こさなかったとき	・自分が授業で何を学習したいのか思い出す。 ・今日の授業で何に注意を向けるべきか考える。黒板の文字なのか、先生の言葉なのか、話の筋なのか、渡された資料なのか、教科書なのか、それ以外なのか。 ・何のために注意を向けるべきなのか、どのように注意を向けるべきなのかを考える。注意を向けて、そしてどうすべきなのか。 ・注意を向ける意味が本当にないと判断した場合は、その授業は受けない（できるなら、先生にその趣旨を宣言する。ただし、先生が納得できる説明であること。喧嘩にならないように）

① 注意

先生は、学習者の注意を獲得しようとするはずですが、生徒が注意を向けなれば何にもなりません。あなた自身が、今から学ぶことは、自分にどのように関係するのか、どのような有益な利益が自分にあるかを考えなければいけません。せっかく学習するという時間を使うのですから、無駄遣いはやめましょう。

表10-3 事象1 注意の「先生が実施する（かもしれない）こと」を見て下さい。あなたの受けた講義では、このような例があったでしょうか。それとも、教室に入るなり黒板を向いて何か書き続けるだけでしょうか。どちらの場合でも、あなたは学習しなければ、せっかく受講している意味がありません。

表10-3を参考に、先生が注意を引き付けるようなことを実施してくれた場合はそれをうまく使い、何も注意を喚起してくれない場合は、自分で何に注意すれば良いか考えましょう。

② 目標

先生によっては、学習目標を明示してくれる人もいるでしょう。その場合は、学んだ結果どのような能力が獲得できるのかを自分で考えることが必要です。先生の提示する学習目標を自分なりの言葉で書いてみると良いと思います。

また、先生によっては学習目標を明示してくれない場合もあるでしょう。その場合は、自分で何を学ぶのだろう、学習目標は何なのだろうと考えて下さい。

③ 前提条件

学習目標に関連する前提条件を考えて思い出しましょう。前提が思い出せていれば、新しい事項が提示された時、前提と新事項がつながり、学習ができるのです。前提を思い出していないと新事項は宙に浮いて、結局忘れ去られてしまいます。先生が思い出させてくれる時もあるでしょうが、自分で思い出すしかないのです。忘れていたら講義を受ける前に復習しておかなければなりません。

第10章　あなた自身の学習の設計と評価

表10-4　事象2 目標

事象順番	事象	内容	先生が実施する（かもしれない）ことの例		学習者がすべきこと
2	学習者に目標を知らせる	・何を学習するのかわからないで学習していても、効果的には学習できない ・学習する項目はすべて提示し、提示しない項目は教育しない。 ・学習目標が習得できたかどうかをどのように判定するかを各学習目標ごとに表示する（最初からテスト問題を開示しておくこともある） ・学習目標分析で得られた学習目標の言葉をそのまま利用して良い場合もあるが、わかりやすい、興味を引く言葉に変えることが必要な場合も多い	・学習目標一覧を提示する ・何が解決しなければならない問題なのかを明確にし、学習でそれが解けるようになることが目的であることを説明する ・出来上がりを見せる ・成功事例を見せ、それを達成することが目的であることを説明する ・「このセミナーで体重コントロールの方法を知って下さい」というような行為動詞や能力動詞でない言葉でわかりやすく説明し、「体重コントロールすることを選択する」という学習目標分析での言葉は使わない ・学習目標の評価方法、たとえばテストの方法などを説明する	先生が事象を起こしたとき	・自分の学習ニーズにどのように関係するか考える。（直接関係なくても、間接的に関係することが多い。習得したことをどのように自分の目的に活用するかを考える） ・どう考えても自分には必要ない学習目標だとしたら、この学習は中止する（先生が理由を納得できるような説明をして、受講を取りやめるのが良い） ・学習目標とその評価方法から自分が習得できそうかどうか判断する ・少し高いハードルだが、努力すればクリアできそうな学習目標が最適である。 ・どうしてもクリアできそうもない学習目標ならば、その理由を先生に説明して、対応をお願いする（たとえば、前提知識の部分を学習目標に追加してもらうなど） ・すでに知っている学習目標とか簡単すぎる学習目標の場合は、その理由（たとえばすでに1年のときに学習済みなど）を先生に説明するか、自分だけ、次の新しい学習目標を定めて学習する ・学習目標に優先順位を付ける（確実に習得するもの、できれば習得するもの、そのような学習目標があるということを知っていれば良いというレベル、無視してよい項目） ・学習終了後のゴール（何ができるようになっているのか）を設定する
				先生が事象を起こさなかったとき	・自分はこの教育で何を学習目標として学習すべきか考える ・自分が習得できたかどうかをどのように判定するか、その具体的な方法を考える ・学習目標に優先順位を付ける（確実に習得するもの、できれば習得するもの、そのような学習目標があるということを知っていれば良いというレベル、無視してよい項目） ・学習終了後のゴール（何ができるようになっているのか）を設定する

表 10-5 事象 3 前提条件

事象順番	事象	内容	先生が実施する（かもしれない）ことの例		学習者がすべきこと
3	前提条件を思い出させる	・学習する事柄に対する前提条件、関係する事柄を思い浮かばせて（短期記憶に呼び出しておいて）、新しい事項と連携リンクが張りやすい状態とする ・忘れている場合などでは、復習も必要である	・一次方程式の公式や因数分解の方法を思い出させてから、二次方程式の解き方を学習させる ・本能寺の変の原因追究の前提条件として、織田信長の様々ないくさを思い出させる ・論文の書き方の基本を思い出させてから、具体的な書き方の技術を教える ・ソートのためのアルゴリズムを思い出させてからデータベースの基本を学習する	先生が事象を起こしたとき	・自分が提示された前提条件をどのくらい思い出せるのかを考える。 ・あまり思い出せない場合は、過去のノートや教科書などで復習するとか、先生や友達に聞く、実際にやってみる、他。 ・提示されている前提条件だけでなく、周辺知識もできるだけ思い出しておくと、新しい事柄をうまく習得できることが多い。
				先生が事象を起こさなかったとき	・これを習得するには、どんなことを知っている、できていることが必要なのか考える。 ・自分が、その前提条件をクリアしているか判定する。 ・前提条件項目を、あまり思い出せない場合は、過去のノートや教科書などで復習するとか、先生や友達に聞く、実際にやってみる、他。

④ 学習事項

　新しい事項が出てきたら、この事項の学習目標はどうなっているのか、この事項をどのようにできるようになったら学習できたことになるのかを考えましょう。そして、すでに知っていること、習得していることと、この新事項を組み合わせて、新事項を自分のものにしましょう。

⑤ 学習の指針

　あなたが練習（学習）しなければ、あなたにその能力は身に付きませ

第10章　あなた自身の学習の設計と評価

表 10-6　事象 4 学習事項

事象順番	事象	内容	先生が実施する（かもしれない）ことの例		学習者がすべきこと
4	新しい事項を提示する	・学習目標分析で分析した対象を提示する ・制限、状態、修得能力と、どのような行為ができればいいかをわかりやすく提示する	・学習の対象である法律の一文を提示する ・法律の一文の意味や適用範囲などを説明する ・法律が関係する事件や事故例を説明する ・微分方程式の公式を提示し、使い方を説明する ・鉄棒の大車輪とはどんな運動か説明し、その方法を説明する ・カーリングの得点計算方法を説明する	先生が事象を起こしたとき	・前提知識と組み合わせて、新しく学習すべき事柄を自分なりの見地から見る ・前提知識と新しい項目を構造化する（自分で図を書くとか、説明文を書くなどをすると、本当に自分がわかっているのかどうかわかる。）
				先生が事象を起こさなかったとき	（授業でこの事象が入っていないことはない。大学のほとんどの講義がこの事象だけだとも言われている） ・自学自習の場合は、自分でこの新しい項目を探すことになる ・本に書いてあること、WEBにあること、論文として発表されていること、研究データとしてあるものなど、どのような情報源があるか調査し、自分にとって習得しやすい、しかも信頼のある情報元を選ぶ。 ・習得すべき新しい事項を明確にする。 ・前提知識と組み合わせて、新しく学習すべき事柄を自分なりの見地から見る ・前提知識と新しい項目を構造化する（自分で図を描くとか、説明文を書くなどをすると、本当に自分がわかっているのかどうかわかる。）

表 10-7 事象 5 学習の指針

事象順番	事象	内容	先生が実施する（かもしれない）ことの例	学習者がすべきこと	
5	学習の指針を与える	・どのように、提示された新しい事項を身に付ければよいか、その学習方針、指針を与える ・なかなか身に付かない事柄の場合は、個人に合わせていろいろな学習方針を提示する必要がある	・ゴルフのドライバーショットで、曲がらずにまっすぐ打つ方法を、受講者の現在のショットの不具合に合わせて、どのように練習すれば良いか教える ・数学の公式が利用できるような問題をたくさん与えて、解いてみるように指導する	先生が事象を起こしたとき	・先生が言うような方法が自分にできるかを考える。 ・先生の言う方法が不可能な場合は、その理由を付けて先生に他の学習方法の提案をお願いする。 ・その能力を身に付けられる他の良い方法があるか考える。考え付いた場合は、勝手にその方法を取るのではなく、先生に相談してから実施する（その方法に危険性があったり、未経験者にはわからないいろいろな困難な点などがあることが多い） ・最適な学習方法を選択する
				先生が事象を起こさなかったとき	・その能力を身に付けられる方法をできるだけ多く考える。 ・学習方法の得失を挙げる。 ・聞くことができる人がいる場合は、どの方法が良いかアドバイスを受ける。 ・最適な学習方法を選択する

ん。どのように練習（学習）すべきか、先生から指導があればそれに沿って実施してみましょう。先生の指導でうまくいかない場合や、先生から指導がない場合は自分で練習（学習）方法を考えましょう。

⑥ 練習

良い練習方法を考えても、実際にあなたが練習（学習）しなければ、あなたに能力は身に付きません。これにはあなたの努力が必要なのです。言われてやるのではなく、自分で積極的に練習してはじめて身に付きま

第10章　あなた自身の学習の設計と評価

表 10-8　事象 6 練習

事象順番	事象	内容	先生が実施する（かもしれない）ことの例	学習者がすべきこと	
6	練習の機会を作る	・実際に練習をしなければ身に付かないものである。 ・強制しても、効果は増えない、逆効果の時も多い ・自分から練習するように導くことが必要	学習者に以下のようなことをさせる。 ・毎日、ゴルフのドライバーショットの練習をする ・数学の公式が利用できるような問題をたくさん解く ・小さな論文をたくさん書いてみる ・英語新聞を毎日30分音読する ・英語ニュースを毎日聞く	先生が事象を起こしたとき	・学習の指針で決定した学習方法に従い、実際に実施してみる。 ・先生に言われてするという態度ではなく、自分自身で実施を管理して進めることが大事である。
				先生が事象を起こさなかったとき	（大学では、先生は新しい事項を提示するだけということが普通。練習は自分で考えて自分でするのが当たり前） ・学習の指針で決定した学習方法に従い、実際に実施してみる。 ・自分自身で実施を管理して進めることが大事である。

す。天才とは練習が好きな人のこととも言えます。練習をいとわず、完全に身に付け、人よりもうまくなるまで繰り返し練習をしていけば、天才と言われることも可能でしょう。

⑦　フィードバック

　練習（学習）している状況を判定して、その練習が効果をあげているか、うまくいっていない部分はどこであるかをできるだけ客観的に見てみましょう。自分で判定する他、自分では気付けない部分があるはずなので、他の人にも見てもらいましょう。先生が見てくれないならば、友達同士で相互に練習状況を判定しましょう。

⑧　評価

　本当に能力が自分の身に付いたのかどうか判定が必要です。問題を解

第10章 あなた自身の学習の設計と評価

表 10-9　事象 7 フィードバック

事象順番	事象	内容	先生が実施する（かもしれない）ことの例		学習者がすべきこと
7	フィードバックを与える	・正しくできているのか、できていないか知らせる ・できるだけ早く、タイムリーにフィードバックをしないと効果がない ・練習ではいろいろな失敗をさせることも必要である。そのためには、良いフィードバックをタイムリーに与えることが必要である。	・ゴルフのドライバーショットの問題点が克服されたかどうか判定して教える ・解いた問題の正誤を即時にコンピュータで知らせる ・提出された小論文やレポートに直ぐに評価を付けて返す ・横風時の着陸方法練習時、限界値での様々な状況をフライトシミュレータで経験させ、どのようにすると事故になってしまうかを経験させ、その結果を指導者と学習者で分析する	先生が事象を起こしたとき	・フィードバックの内容を分析し、何を修正すればよいか考える。 ・修正すべき内容が、自分では修正不可能な場合は、その理由を付けて、先生に他の方法の提案をお願いする。 ・考えられる最適な修正方法を決定する。 ・できるまで繰り返し練習する。 ・うまくいかない場合は、その理由を分析し、フィードバックする。 努力を継続できる能力こそ天才の能力である。努力が好きという人が天才になる!!
				先生が事象を起こさなかったとき	・自分がうまくできているのかどうかを判定する基準を設定する。 ・設定基準ごとに、どこまでできているかレベルを付ける。 ・何を修正するとより良いレベルになるか考える。 ・考えられる最適な修正方法を決定する。 ・できるまで繰り返し練習する。 ・うまくいかない場合は、その理由を分析し、フィードバックする。 努力を継続できる能力こそ天才の能力である。努力が好きという人が天才になる!!

第10章 あなた自身の学習の設計と評価

表 10-10 事象 8 評価

事象順番	事象	内容	先生が実施する（かもしれない）ことの例	学習者がすべきこと	
8	学習の成果を評価する	・学習目標を達成できたかどうかを、学習者に明確にわからせる ・公平に成果を評価する必要がある ・不合格の場合の対応も考えておく必要がある	・合否判定の筆記テストを行う ・実際に作らせる、またはやってみさせて、基準をクリアしているか判定する	先生が事象を起こしたとき	・評価を受ける。 ・評価結果を見て、自分の不足の点を列挙する。 ・不足の点を再度学習する。 ・不合格の場合は、その対策を考えて実施する。（再受講、同様な内容の他のコースを受ける、他の分野に進むなど。たとえ不合格でも、単純にあきらめるのではなく、何とか習得できる方法を探すこと。なぜならば、あなたは必要だと思ってこの学習を始めたのだから）
				先生が事象を起こさなかったとき	・各学習目標の評価方法を見直す。 ・各学習目標ごとに自分でレベルを評価する。（友達などにも評価してもらうと良い） ・評価結果を見て、自分の不足の点を列挙する。 ・不足の点を再度学習する。 ・不合格の場合は、その対策を考えて実施する。（再受講、同様な内容の他のコースを受ける、他の分野に進むなど。たとえ不合格でも、単純にあきらめるのではなく、何とか習得できる方法を探すこと。なぜならば、あなたは必要だと思ってこの学習を始めたのだから）

いてもそれが正解かどうか判定しなければ、自分ができるようになったかどうかわかりません。正解があるような問題ならば良いのですが、世の中に出て学習する項目と言うのはほとんどの場合、正解はありません。そのような場合でも、自分の実施したことが良かったのかどうか評価することが必要です。自己評価をしてみるとともに、他の人からの評価をもらうことが必要です。

⑨ 保持と転位

表10-11 事象9 保持と転移

事象順番	事象	内容	先生が実施する（かもしれない）ことの例	学習者がすべきこと	
9	保持と転移を高める	・学習したことを、どうやって忘れないようにするか ・忘れた時にどのように思い出すか ・新しい場面でも学習した事項を活用できるようにする	・複数個の修得した事項を組み合わせて使用してみる ・学習したことが活用できるような、様々な新しい課題に挑戦させる ・学習者にノートを作らせ、忘れたときに直ぐに見ることができるようにさせておく ・就職後などに、習得した能力の活用度合いを聞くことにより、学習したことを思い出させる。	先生が事象を起こしたとき	・習得した能力を使ってみる。 ・習得した能力を組み合わせて、新しい仕事、事柄を創造する。 ・学習した記録やデータなどを整理し、すぐにアクセスできるようにしておく。（自分の学習記録をサーバなどに記録しておけば、いつでも再アクセスが可能である。大学が提供するこのような機能「eポートフォリオ」は大学に在学中はアクセス可能。その後のアクセスができないのが難点）
				先生が事象を起こさなかったとき	（先生がさせるというより、自分ですべき事象です。） ・習得した能力を使ってみる。 ・習得した能力を組み合わせて、新しい仕事、事柄を創造する。 ・学習した記録やデータなどを整理し、パソコンに記録しましょう。記録の構造をうまく作れば、学習したことを忘れてもすぐに思い出して活用できるようにもすることができる。

第10章　あなた自身の学習の設計と評価

修得した能力を忘れてしまってはなりません。能力を保持できるようにするには、自分としてはどうすれば良いかを考えて実践しましょう。また、習得した能力をいろいろ応用して、他の分野でも活用できるようになれば、その学習は成功だったと言えます。先生が保持と転移の機会を与えてくれる場合もあるでしょうが、社会に出たらそのようなことはほとんどなくなります。自分で保持と転移を高めましょう。

ガニエの9教授事象について、実際に使ってみましょう。まずは、今まで受けた授業で自分が一番良かった、能力が効果的、効率的、魅力的に身に付いたという授業と、受講したけれど、ほとんど何も身に付かなかったという悪かった授業を分析してみて下さい。

表10-12に、授業でガニエの9教授事象がどのように組み込まれていたか書いてみて下さい。また、組み込まれていない場合は、自分がどのような学習事象を実施して、学習効果をあげようとしたか、または、どのようにすれば良かったかを記述してみて下さい。

表10-12　良かった授業、悪かった授業の分析

		受講して良かった授業分析	受講して悪かった授業分析
1	学習者の注意を獲得する		
2	授業の目標を知らせる		
3	前提条件を思い出させる		
4	新しい事項を提示する		
5	学習の方針を与える		
6	練習の機会を作る		
7	フィードバックを与える		
8	学習の成果を評価する		
9	保持と転移を高める		

第 10 章　あなた自身の学習の設計と評価

表 10-13　自分の仕事をどのように学習するか

		自分の選んだ仕事に関する学習分析
1	学習者の注意を獲得する	
2	授業の目標を知らせる	
3	前提条件を思い出させる	
4	新しい事項を提示する	
5	学習の方針を与える	
6	練習の機会を作る	
7	フィードバックを与える	
8	学習の成果を評価する	
9	保持と転移を高める	

　次に、第8章学習目標分析で分析した自分の選択した仕事に関する学習をするにあたり、どのような学習事象を組み込んだら良いか分析して表 10-13 に記述して下さい。

10-2　学習意欲がなければすべてパー！！！

　勉強したくないのに強制的に勉強させて、強制に逆らったら怖いから

> 学習意欲をどのように管理すれば良いかを学術的に書いた本として「学習意欲をデザインする、ARCS モデルによるインストラクショナルデザイン」ケラー（2010）、鈴木克明監訳、北大路書房があります。非常に良い内容なのですが、学習理論などになじんでいないとわかりづらいかもしれません。学術的に「学習意欲」を学習したい人は、この本を読んでみて下さい。本項 10-2 は「学習意欲をデザインする、ARCS モデルによるインストラクショナルデザイン」の主に p.47-59 を参照して、内田が作成しています。

教わったことを無理やり記憶するなどということは起こります。しかし、このような学習は長続きしないでしょうし、習得した能力を活用できるようになるとはあまり考えられません。水を飲みたくない馬を水辺に連れていっても、水を無理やり飲ますことはできないのです。

　効果的、効率的、魅力的な学習をするためには、あなた自身が学習意欲、モチベーションを管理しなければならないのです。

　ケラーは学習意欲を喚起するには図10-1に示す4つの項目が必要だと言っています。

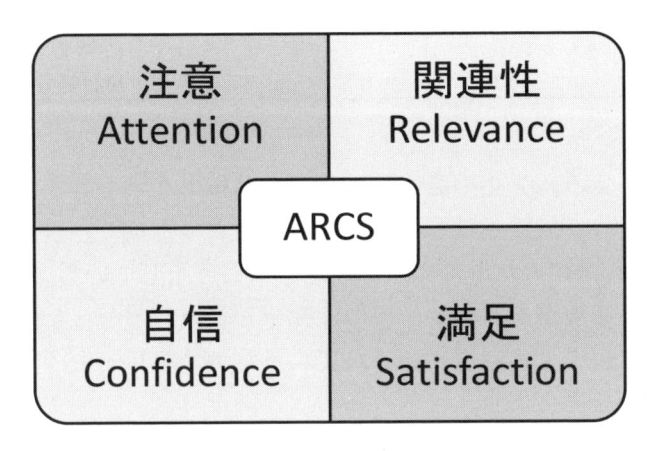

図10-1　ケラーのARCSモデル（学習意欲をデザインする、ケラーより内田作成）

　ARCSモデルは先生のために造られたものです。先生がいかに生徒に学習意欲を持たせるかデザインするための方法です。しかし、ARCSは学習者が自分自身で学習意欲、モチベーションを喚起するためにも使えます。というよりも学習者自身が活用すべきものです。先生がいくら良いARCSモデルの活用方法を考え学習意欲を高めようとしても、あなた方に学習しようという気がない限り、効果はないのです。

Ⓐ注意

　たとえば、講義を聞いている時、自分は何に注意を向ければ良いのか

第10章　あなた自身の学習の設計と評価

表 10-14　注意

分類	内容	先生が考慮すべきこと	学習者が考慮すべきこと
注意 Attention	学習者に関心を起こさせること。無関心では学習はできない。 A1. 知覚喚起 A2. 探究心の喚起 A3. 変化性	A1：学習者の関心を引くために何をするか A2：学習者に探究しよう、考えようという態度をどう持たせるか A3：どのように学習者の注意を維持できるか	A1：自分はどこの部分にどのように関心を持つべきか A2：何を考えると良いのか、何のために探究しなければならないのか A3：何をすれば飽きないか、自分の学習に対してどう変化を付けるか

を考えましょう。先生の話でしょうか、黒板の文字でしょうか、先生の態度でしょうか。先生はどこに注意をさせようとしているでしょうか。そして、それは何のために先生が注意を引こうとしているのでしょうか。何を考える必要があるのか、何の探究をしなければならないかを考えます。どこで授業のテンポや様子が変わったか、なぜ先生はそこで変化を起こしたかを考えます。

　講義に変化がないなら、内容の変わり方を見つけ、そこで気分を変えて、ノートを新しいページにするとか、自分なりの変化を作ります。(ノートに空白を作っておくと、あとで気が付いたこと、自分なりに学習したことなどを書き込めます。) 空白を残して、自分の学習に変化を与えるとともに、ノートにも変化を与えましょう。

　Ⓡ関連性

　学習する内容が、自分に関係するかどうかを考えます。学習して、自分の目的を達成することに意味があるか、習得したらどのように自分は変わるのかを考えてみましょう。強く学習したいという動機がある場合は、自分一人でどんどん教科書を読んでいった方が学習が効率的に進められる場合があるだろうし、学習が必要だとはわかっているが、あまり

第10章　あなた自身の学習の設計と評価

表10-15　関連性

分類	内容	先生が実施すべきこと	学習者が実施すべきこと
関連性 Relevance	学習する内容が自分の人生にどのように関係するのかが見えていなければ学習意欲は起きない。 R1. 目的指向性 R2. 動機との一致 R3. 親しみやすさ	R1：学習者のニーズを知っているか。ニーズに応えているか R2：どうすれば学習者が心地よく快適に学習できるか R3：学習者の過去の経験や前提知識に結び付けるにはどうするか	R1：自分の目的は何か、これを修得してどう変わりたいのか R2：どうすれば効率的に楽しく学習できるか工夫する R3：関係している自分の経験を思い出し、結び付ける

乗り気がしない、他にもっと優先順位が高い学習があるというような場合は、他の学習との兼ね合いを考えたりして、効率的、効果的な学習方法を自分で考え出すことが必要です。学習内容や学習方法に親しみやすさを得ることも必要です。（新規なもの、新しい学習方法も、学習意欲を高めることがあります。）

　たとえば、学習内容を擬人化して自分の知っている人にたとえてみるとかすると、覚えやすいというようなことがあるでしょう。今まで経験した学習方法を取り入れて、先生の説明した言葉を図示したり、グラフ化してみるなどということを、講義を聞きながら実施すれば理解度は格段に深まるでしょう。

Ⓒ自信

　自分には、学習する能力を習得できるという自信が必要です。今から何を学習するのかをはっきりさせましょう。学習目標項目とその評価方法が明確に出ていれば、それをどのようにすればクリアできるか方法を

表 10-16　自信

分類	内容	先生が実施すべきこと	学習者が実施すべきこと
自信 Confidence	自分は習得できるという自信がなくてはならない。絶対できそうもないと思っているものは習得が不可能である。 C1. 学習要件 C2. 成功の機会 C3. コントロールの個人化	C1：学習者に修得が可能だと、どのように感じさせるか C2：成功したという経験をどのように学習の中に埋め込むか C3：学習過程を学習者が選択したり制御できる方法を提供する	C1：どうやったら修得可能か自分で方法を考える C2：ステップに分解するなど、様々な方法で実際に成功を積み上げる C3：自分で学習をコントロールするにはどうすればよいか考える

考えます。明確に出ていない場合は、提供される教材や先輩の学習の成果物などをその評価と一緒に見て、具体的に何を学習しなければならないのか、どんな評価基準になるのかを調べましょう。そして、その目標のクリアの方法を考えるのです。（何を学習するのか不明確の部分があるのでは、学習に対する不安が残ってしまいます。）大きな学習目標で達成が困難と感じられるような目標でも、小さな目標に分解して、ワンステップずつ学習していけば、習得できるものです。

まったく新しい事柄の学習では、初歩的な問題などから解いていけば、成功した学習ができることが多いだろうし、基礎ではなく高度な学習を行うような場合は現実の問題に取り組むようなことで、学習を成功裏に終了できることが多いでしょう。

また、先生の言うとおりに何も考えずに行動しているだけでは、学習意欲はなくなってしまいます。先生の言うことに従いながらも、自分なりの学習方法を組み込み、自分の習得度に合わせて学習を進めましょう。

第10章 あなた自身の学習の設計と評価

表 10-17　満足

分類	内容	先生が実施すべきこと	学習者が実施すべきこと
満足 Satisfaction	学習終了時に達成感がなければならない。 S1. 自然な結果 S2. 肯定的な結果 S3. 公平さ	S1：学習目標に基づき、成果を学習者にすぐに知らせる S2：できて当たり前ではなく、困難を克服したことを肯定的に評価 S3：テストの正確性、えこひいきのなさなどを保つ	S1：修得した結果を直ぐに活用してみる、いろいろ応用する S2：自分に誇りを持とう S3：まわりに振り回されず、自分の目的にまっしぐらに進む

（時には、先生の言うことに逆らい、自分独自の方法で学習した方が効果的、効率的に学習できることもあるでしょう。そのような場合は、なぜ自分の方法の方が良いか、良く検討しておくと、後での後悔がないでしょう。）

Ⓢ満足

　学習に成功した、つまり、学習目標をクリアし、新しい能力を手に入れたと感じられなければ、学習の満足感はありません。学習したら、満足感を感じましょう。習得した能力をすぐに活用してみる、応用してみるなどということで、自分に新しい能力が身に付いたことを体感しましょう。そして、自分自身に誇りを持ちましょう。また、習得した能力をまわりの人に見せたり、習得した能力を行使した結果としての仕事の成果などをみんなに見せましょう。直接、褒められることも良いでしょうし、素晴らしい仕事の結果としてボーナスがもらえるかもしれません。

　自分を自分で褒めるとともに、まわりからも褒めてもらうと満足感は倍増します。ただし、まわりの人というのは、すべて公平だとは限りません。あなたの能力に嫉妬して、悪口を言うかもしれません。あなたの能力は本当に素晴らしいのに、向こうの人のほうがもっと良いとか、け

表 10-18　ARCS モデル分析表

分類	一番良かった授業	一番嫌だった授業	第8章で分析した学習目標の ARCS 対応方法設計
注意 Attention			
関連性 Relevance			
自信 Confidence			
満足 Satisfaction			

なされることがあるでしょう。そのような時には、まわりに振り回されずに、毅然とした態度で自分の目的にまい進しましょう。先生の評価が不公平だなどと感じた場合も、Going My Way!　といきましょう。

　表 10-18 に、あなたが受けて一番良かった授業、一番嫌だった授業の ARCS モデル項目が、どのように実施されていたか書いてみて下さい。また、第8章で分析した学習目標に対するあなたの ARCS 対処方法を記述してみて下さい。

10-3　カークパトリックの4段階学習評価を使って評価

　みなさんは、この本で自分の学習ニーズを根本から考え、将来どのような仕事をしたいかを決定し、そのために必要な具体的な習得したい能力を学習目標という形で決定し、どのようなメディアを利用して、どのように学習していけば良いか設計しました。あとは、実際に学習を実施して、その結果を評価すれば良いのです。

　表 10-19 は、カークパトリックの4段階学習評価を示しています。こ

第 10 章　あなた自身の学習の設計と評価

表 10-19　カークパトリックの 4 段階学習評価

レベル	内容
4. Results 結果	社会、組織は学習の結果として利益を得たのか調査
3. Behavior 行動	行動変容評価（学習した内容を反映した行動、作業などをしているか調査）
2. Learning 学習	学習到達度評価（テストなどで、学習目標をどの程度達成できたか調査）
1. Reaction 反応	受講者満足度評価（終了時のアンケートなどで満足度などを聞く）

（Kirkpatrick,D.L.（1975））

れを用いて、自分の学習を評価してみましょう。

　レベル 1 は Reaction 反応です。自分自身が学習して満足しているか、良かったかを評価します。

　レベル 2 は本当に習得できたのかどうかを判定します。学習目標項目一つひとつについて、定めた評価方法に従い、自分でチェックします。レベルに達していない場合は再度学習しましょう。

　レベル 3 は習得した能力を本当に活用しているかどうかです。通常、これは自分だけでは評価できません。自分で自分の行動を評価できる部分もありますが、他人に見てもらわないとわからない場合があります。学校にいるのなら先生や友達や親などに判定してもらうことができるでしょう。就職しているのなら、同僚や先輩や上長に見てもらうことができるでしょう。

　レベル 4 は結果です。自分も含めて自分の所属する社会や組織は利益を得たのでしょうか。実際に学習に投資した金額と学習した結果として得られた利益はどうなっているのでしょうか。（これを ROI : Return On Investment と言います）たとえば、学習のために 40 時間をあなたが使ったとすると、それに見合うだけの効果があったのでしょうか。金額に換算できるものは換算して比較して下さい。金額に換算できない効果は言葉で書いてもらえば良いでしょう。この評価は社会や組織全体に及ぼ

すあなたの学習の結果の評価ですから簡単にはできません。能力を活用している期間、少しずつ評価して、不満足な部分に対処していけば良いと思います。

表 10-20 に、自分の学習の評価を記入して見ましょう。

最初に、自分の学習の設計時点の評価をしてみて下さい。チェック項目があるので、それを参考に記述してみて下さい。また、学習が終了した時点、学習が終了してから数年後に評価をしてみて下さい。

不満足のところがあれば、それを修正し、良いところは自分でも継続するとともにまわりに広めて下さい。

なお、紙面の関係で記述欄は狭いので、必要でしたら表計算ソフトなどで表を作って記述をお願いいたします。

第10章　あなた自身の学習の設計と評価

表10-20　自己の学習評価

	学習設計時点評価	
レベル	チェック項目	自己チェック
4. Results 結果	学習にかけた費用、時間はいくらか。効果はいくらくらいになりそうか	
3. Behavior 行動	自分の行動は学習後どのように変わるだろうか	
2. Learning 学習	各学習目標の具体的な評価方法（テスト問題など）はできているか	
1. Reaction 反応	ニーズ調査から学習方法の設計まで、あなたはその結果に満足していますか。	
	学習終了時点評価	
レベル	チェック項目	自己チェック
4. Results 結果	実際に学習にかけた費用、時間はいくらか。効果はいくらくらいになりそうか	
3. Behavior 行動	今後、自分の行動は学習後どのように変わるだろうか	
2. Learning 学習	あなたは、学習目標を定めたレベルで習得できたか	
1. Reaction 反応	あなたは学習結果に満足していますか。	
	学習終了「　　」年後評価	
レベル	チェック項目	自己チェック
4. Results 結果	学習した甲斐はあったのだろうか。そのROIはどのくらいか。社会や組織は結果に満足しているか	
3. Behavior 行動	自分の行動は学習後どのように変わったのか。まわりはどのように見ているか	
2. Learning 学習	自分の能力レベルの保持と転移を高めているか	
1. Reaction 反応	あなたは学習したことに満足していますか。	

おわりに─この本を読んでいただいた方へ─

　この本ではあなたに、何のために、何を、どのようにして学習するか、学習したことをどのように自分で評価するかを分析して設計してもらいました。100％完全な正解はありません。学習しながら少しずつ改善していってもらえればと思います。この成果を活用して素晴らしい人生を送っていただければ幸いです。(そうそうすべてが上手くいくほど人生は甘くないでしょうが)

　世の中は就職氷河期などといわれ、大学生の半数近くが就職先が決まらない状況です。どうも日本のこの状態はしばらく変わらないのではないかと考えられます。就職先を探すという言い方をしますが、これは就職する「企業」を探すというような意味にとらえることができます。この本を読んだ方は、就職は企業を選ぶのではなく、「仕事を選ぶ」のでなくてはならないと考えるほうが良いという考えに賛成してくれる方が多いでしょう。自分の好きなこと、得意なこと、自分の生きる目的などを考えれば、自分がどんな仕事をしたいか、どんな仕事ならば一生懸命働けるかなどが見えてくるでしょう。企業を選択しようとすると自分の知っている企業、大企業に目がいくでしょうが、仕事で選択すれば、企業の大きさは関係なくなります。仕事で選択すれば、就職先は日本だけに限らなくなります。

　グローバル化の時代、みなさんが世界に飛び出してこそ、日本のグローバル化が進むのです。日本人が出ていって世界に発信するからこそ、日本にもいろいろなものが入ってくるのです。日本人が外に出ていったら、日本は空洞化するという意見もありますが、もっと大きく考えた方が良いと思います。

　簡単なことではないでしょうが、ケラーのARCSモデル「自信」を思い出して下さい。大きすぎると思われる目標でも、小さなステップに分

けて目標を設定すれば、少しずつ前進でき、大きな目標もクリアできます。自分で自分の「やれる」という自信を作りましょう。

　これからの人生、困難にあったり、いろいろな新しい仕事に直面したりした時、この「学習力トレーニング」で学習したことを思い出して下さい。とても乗り越えられないような困難でも、難し過ぎてとてもできそうもない仕事でも、ここで学習した分析方法を活用し、作り上げた「あなたの自身の学習方法」を活用すればきっと乗り越えていけます。

　＜追記＞
　筆者への質問などは私の研究室「LBS研究スタジオ」にご連絡下さい。また、LBS：Learning Based Society について話をしてみたいという方は研究室をお訪ね下さい。この本はみなさんが自分の「学習力」を見つけることにより、LBSが実現できると信じて書きました。多くの方からのお便りをお待ちします。

LBS研究スタジオ
内田　実
メール：lbsstudio@support.email.ne.jp
ホームページ：http : //www.ne.jp/asahi/lbs/studio/
アクセス：http : //www.ne.jp/asahi/lbs/studio/lbs-map.html

事項索引

ADDIE モデル　40
ARCS モデル　135
ARCS モデル分析表　140
Attitude　28

Knowledge　28
KSA　28,31,46

LBS　15,25
Learning Based Society　14
Life 計画　61
LMS　115

Skill　28

TEM　90

あ　行

愛の欲求　18
アブラハム・マズロー　16
安全の欲求　18

インストラクショナルデザイナの職務
　例　91
インストラクショナルデザイン　36,
　39
インターラクティブ性　114

運動技能　31,99

オンデマンド　114

か　行

カークパトリックの 4 段階学習評価
　140
開発　41
学士力モデル　43
学習　2,11,28,49,54,77
学習基盤社会　14
学習効果　37
学習効率　37
学習ゴール　73
学習ゴール評価　74
学習事項　126
学習者分析　77
学習スタイル　111
学習対象　28,32
学習対象の能力　100
学習の指針　126
学習の心理学的要因　77
学習の魅力　38
学習評価　143
学習メディア　111,114
学習目標　2,101,107
学習目標の 5 要素　103
学習目標分析　97,108,109
学習目標例　102
学習モデル　4
学習領域　98

学習力　*11*
学生のための TEM　*89*
価値付け　*101*
活性知識　*5,7,8*
活性能力　*7*
ガニエの9教授事象　*122*
管理機能　*114*
関連性　*136*

技術　*28,31*
狭義の学習　*28*

言語情報　*31,99*

行為動詞　*100,104*
行動変容　*28*
個人の差異の因子　*80*
コンピテンシー　*44*

さ　行

自己実現の欲求　*20*
仕事の分析　*59*
自信　*137*
実施／実装　*41*
自分の学習の評価ツール　*vi*
初期分析　*41*
職責　*86*
職務　*86*
社会的因子　*80*
習得能力　*104*
情意　*31,79*
状況　*104*
承認の欲求　*19*
所属の欲求　*18*
真のニーズ　*15,53*

制約　*104*
生理的欲求　*17*
設計　*41*
前提条件　*124*

尊重の欲求　*19*

た　行

大学モデル　*45*
対象　*103*
態度　*28,31,99*
タスク　*86*
タスク分析　*86*

知識　*28,31,98*
知識基盤社会　*14*
知的技能　*29,32,98*
注意　*124,135*

転位　*132*

動機付け　*79*

な　行

ニーズ　*15,49,51*
ニーズ調査　*40*
ニーズ調査対象　*64,67*
ニーズ分析　*50,72*
ニーズ分類　*69*
認知　*79*
認知的方略　*29,32*

能力動詞　*100*

は 行

パイロットのタスク分析　90
発達的因子　80

評価　42,121,129

フィードバック　129
フェルダーの学習スタイル　112
不活性知識　5,9
不活性能力　5,10

方略　30
保持　132

ま 行

マズローの欲求階層　17

満足　139

メタ認知　4,32,79,99
メディア　114
メディア一覧　116
メディア分析　111

目標　124

や 行

欲求階層　16
欲求満足度分析表　21

ら 行

リアルタイム　114

練習　128

内田　実

　日立電子サービス株式会社にて34年にわたり情報システム系の企業内教育に携わった。その後、放送大学において「大学などの高等教育におけるインストラクショナルデザインの普及」の研究と実践を行った。
　2010年、放送大学を退任し、LBS研究スタジオでインストラクショナルデザインのコンサルティングや研究を実施している。

著書、翻訳
・実践インストラクショナルデザイン、東京電機大学出版局
・eラーニングからブレンディッドラーニングへ（共著）、共立出版
・インストラクショナルデザイン入門、リー＆オーエンズ著（共訳）、東京電機大学出版局

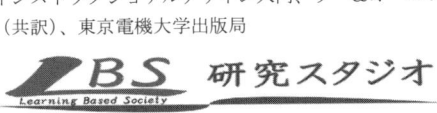

LBS 研究スタジオ
Learning Based Society

学習力トレーニング
―インストラクショナルデザインで学ぶ究極の学習方法―

2011年4月7日　　初　版

著　者―――内　田　　　実
発行者―――米　田　忠　史
発行所―――米　田　出　版
　　　　　　〒272-0103　千葉県市川市本行徳31-5
　　　　　　電話　047-356-8594
発売所―――産業図書株式会社
　　　　　　〒102-0072　東京都千代田区飯田橋2-11-3
　　　　　　電話　03-3261-7821

© Minoru Uchida 2011　　　　　　　　　　中央印刷・山崎製本所

ISBN978-4-946553-47-9 C3011